北京市教委支持的课题项目“高职院校国际化人才培养的策略研究”
（项目编号：SM201710858001）资助出版

GAOZHI YUANXIAO ZHIYE
YINGYU KECHENG SHEZHI
LILUN YU SHIJIAN

高职院校职业英语课程设置

——理论与实践

赵占香 / 著

知识产权出版社
全国百佳图书出版单位

图书在版编目（CIP）数据

高职院校职业英语课程设置：理论与实践/赵占香著. —北京：知识产权出版社，2018.12

ISBN 978-7-5130-5948-0

Ⅰ.①高… Ⅱ.①赵… Ⅲ.①英语—课程设置—研究—高等职业教育 Ⅳ.①H319.3

中国版本图书馆 CIP 数据核字（2018）第 260116 号

内容提要

《高职院校职业英语课程设置——理论与实践》一书是有关高职院校职业英语课程理论研究与教学实践相结合的教学指导书。全书分为：理论研究篇——主要包括职业英语课程设置研究的理论依据、研究的主要内容和职业英语课程研究的现状；教学实践篇——主要研究职业英语教学中如何培养学生的英语应用能力，并分别辅以教学实践；拓展篇——主要研究与英语课程设置和教学实践有关的几个方面：课程评价、教材和师资发展。

责任编辑：兰　涛　　**责任校对**：谷　洋
封面设计：郑　重　　**责任印制**：刘译文

高职院校职业英语课程设置：理论与实践
赵占香　著

出版发行：	知识产权出版社有限责任公司	网　　址：	http://www.ipph.cn
社　　址：	北京市海淀区气象路 50 号院	邮　　编：	100081
责编电话：	010-82000860 转 8325	责编邮箱：	136644252@qq.com
发行电话：	010-82000860 转 8101/8102	发行传真：	010-82000893/82005070/82000270
印　　刷：	北京嘉恒彩色印刷有限责任公司	经　　销：	各大网上书店、新华书店及相关专业书店
开　　本：	787mm×1092mm　1/16	印　　张：	12.5
版　　次：	2018 年 12 月第 1 版	印　　次：	2018 年 12 月第 1 次印刷
字　　数：	151 千字	定　　价：	56.00 元

ISBN 978-7-5130-5948-0

目 录

第一章 高职英语课程设置研究的主要内容

【导读】 国务院印发的《关于加快发展现代职业教育的决定》明确了今后现代职业教育发展的指导思想、基本原则、目标任务和政策措施。但高职院校英语教学中现有的教学方法、教材、师资等方面都不能适应时代的要求。本章阐述了高职英语课程设置研究的背景、目的、研究方法和研究内容，并给出了全书的结构。

2018 年，李克强总理在《政府工作报告》中提出，要发展公平而有质量的教育。职业教育作为我国教育体系中不可缺少的一个组成部分，承担着为社会培养实用型、应用型的高级技能人才的任务。

早在 2014 年 6 月，国务院曾印发了《关于加快发展现代职业教育的决定》（以下简称《决定》），全面部署了加快发展现代职业教育的要求。同时，《决定》明确了今后一个时期加快发展现代职业教育的指导思想、基本原则、目标任务和政策措施：提出“到2020年，形成适应发展需求、产教深度融合、中职高职衔接、职业教育与普通教育相互沟通，体现终身教育理念，具有中国特色、世界水平的现代职业教育体系”；提出“职业教育要以服务发展为宗旨，以促进就业为导向，适应技术进步和生产方式变革以及社会公共服务的需要，培养数以亿计的高素质劳动者和技术技能人才”。其中之一是要深化产教融合、校企合作、工学结合，推动专业设置与产业需求对接、课程内容与职业标准对接、教学过程与生产过程对接、毕业证书与职业资格证书对接、职业教育与终身学习对接，目的是提高人才培养质量，强化职业教育的技术技能积累作用。

英语作为高等职业院校开设的一门公共必修课，既是一门工具课程，又是一座桥梁，承担着为学生后续专业课程的学习和今后职业发展服务的双重任务，是职业教育培养具有世界先进水平的高素质劳动者和技术技能人才的保障。因此，高等职业院校的英语教学有别于普通高等院校的大学英语教学，研究职业院校英语课程怎么教，教什么，学生怎样学，关系到职业院校学生专业发展的深度和就业阶段就业面的宽度。

职业院校的教学要求工学结合，专业设置与产业需求对接，课程内容与职业标准对接，教学过程与生产过程对接，要求强化职业教学的技术技能积累作用。因此，高等职业院校的英语课程设置应向职业性倾斜，以培养学生的英语应用能力为导向。职业院校的英语教学在内容上应突出专业性与职业性的结合，在应用上应强调英语知识在职场中的实际运用。

1.1　研究背景与问题的提出

在职业院校突飞猛进发展的进程中，英语课程的发展显得有些跟不上步伐。各个职业院校在课程建设中，最能体现职业特色的是各自的特色专业课程，而作为公共基础课之一的英语则处于从属地位。在有的职业院校，英语教学甚至一度处于可有可无的境地，英语课程的教学课时一再遭到削减是职业院校课程设置中存在的普遍现象。反映英语课程改革与发展的科研成果，在职业院校科研成果中所占比例很低（详见《高职院校英语教师职业发展、科研现状调查与思考》）。种种现象说明，英语课程在职业院校整体课程中处于较弱和从属的地位，英语课程的发展与职业院校对英语课程的要求不相适应，英语课程的改革成为当务之急。

英语课程教学在职业院校中也正遭遇瓶颈现象。目前我国职业技术学院英语教学的对象主要有两类学生：一是从普通高中升入高职院校的学生。这部分学生经过了正规的高考和录取，具有一定的英语基础，但整体水平不高；二是从中专、技校、职业高中升入高职高专的学生。这部分学生在中学阶段学习基础较差，虽然经过六年或更长时间的英语学习，但英语基础非常差，并且普遍对英语学习不感兴趣。面对这种多层次、水平参差不齐、基础较差的学生，大部分院校仍采用原专科学校的教学方法和内容。但在教学中我们发现原有的教学方法已完全不能适应现在的形势，教学内容也偏深。在教材方面，高职高专英语教材名目繁多，但内容大同小异。并且由于各高职院校专业设置多样，学生生源复杂，知识结构、英语水平层次不一，比较难找到适合所有高职学生使用的英语教材。因此，目前尚没有一套公认度较高的、符合各职业技术学院学生使用的英语教材。在教师方面，高职院校的英语教师大多是师范院校的毕业生，接受的是普教系统的教育，具有文科或理科的学习背景，高职院校普遍缺少“双师型”教师，职业特色难以体现。纵观高职高专英语教学的现状，可以概括为以下几个方面：①教学时数少；②院校专业门类多，教学重点各不相同；③学生英语水平参差不齐，学习动力强弱不一；④适合职业院校的教材不多，尤其是与本校专业联系紧密的教材很少；⑤职业院校英语的教学实际与《决定》要求的教学目标有一定差距。

在此背景下，职业院校的英语教学要为学生后续专业学习和就业发展服务，就必须进行课程改革。因此，笔者结合自己多年的教学实践及教学中遇到的实际问题，提出解决职业院校英语教学问题的几个改革方向：

高职英语教学的目标是什么？如何设置课程大纲？如何在课时有限的情况下设计教学计划？如何衡量教学内容的实用性和够用性？教师如何教？学生怎样学？等等。

总而言之，高职高专英语课程设置研究的主要内容，就是研究高职英语课程的培养目标、教学内容、教学模式和手段以及教学评价。结合课程设置，本书还从高职院校英语师资现状与发展的角度，对高职院校英语教师发展进行了研究。

1.2　研究的目的与意义

“高职院校职业英语课程设置的研究与实践”既是一个研究课题，也是笔者多年来的教学实践成果。作为研究课题，计划通过调查研究本校和其他有代表性的高职院校的英语课程的设置，探究高职院校中英语教学与专业教学和学生职业发展的相关性；结合本校的专业课程设置和专业教学安排，研究本校的基础英语课和专业英语课课程设置，探索一种工学结合的职业化英语教学模式，使英语教学由原来单纯传授基础文化知识，转为培养学生的英语应用能力和提高学生的基本文化素质并重，使英语教学为专业教学和学生的后续发展服务。作为教学实践的成果，有成功的例子，可供同仁借鉴，也有不够完善的方法，更需要同行的指正，并引以为戒。

职业院校教学的根本目的是把学生培养成符合社会需要的劳动者。如何增强高职毕业生的就业能力，如何让学生面向市场，进入市场，成为广受欢迎的应用型、技能型专门人才，已成为高职教育的重中之重。英语教学作为职业院校教学工作的一部分，也同样应以实用为目的，但它同时还担负着一个重要使命，即公共英语教学要为专业服务。英语是一门工具，它可以为学生的职业发展插上一双翅膀。根据教育部《高职高专教育英语课程教学基本要求》的规定，高职教育的目标是要“使学生能借助词典阅读和翻译有关业务资料，在涉外交际的日常业务活动中进行简单的口头和书面交流”。高职教育旨在培养高级技术应用型人才，应该以“实用为主”。构建以培养职业能力和提高学生基本素质为目标的英语课程，改革英语课程的教学内容、使其真正满足职业教育的要求，有着较为重要的理论意义。

北京电子科技职业学院是全国职业院校示范校建设单位，为加大对学生专业技能的培养，在教学改革方面曾提出了“1-4-1工学结合教学体系模型”的教学模式（一个学期基础课，四个学期专业课，一个学期顶岗实习），之后又根据《教育部关于加强高职高专教育人才培养工作的意见》《高职高专教育英语课程教学基本要求》多次修订人才培养方案，力图探索一种工学结合、与专业和产业对接、与国际职业标准对接的课程设置，在教学过程强调英语知识在生产过程中的应用、将英语资格证书与岗位需求对接，注重培养学生的终身学习能力与学习习惯，提高人才培养质量，使我校的毕业生在英语方面符合国际化战略对人才的需求。

在此背景下，职业院校的英语教师和英语教学面临着改革的迫切需要。如何在一个到两个学期内完成英语基础课的教学，为后续的专业英语的学习打好基础，成为英语教师亟待解决的问题。作为研究项目，通过对多所职业院校的基础英语教学进行调研，分析其课时设置，教材应用情况和教学目标；通过对用人单位调研和与专业课相沟通，确定其对基础课的需求，为学生、为用人单位和专业课发展量身定做职业英语的课程设置。在教学实践中，结合职业院校学生的英语基础和学习特点以及从后续专业课程学习和学生终身学习发展出发，从听说、阅读和写作方面进行有效的教学改革实践，并结合教学评价，指导学生的英语学习方式，激发学生的英语学习动力。此项研究成果，也可为职业院校英语课程设置提供一种思路，也可为职业院校英语教学改革提供一种借鉴。

1.3　研究的内容与研究方法

高职院校英语课程设置的研究主要分为三个部分。

理论研究部分：采用文献研究法，确定了高职院校英语课程的研究内容；对研究中出现的主要概念进行了界定；确定了高职院校英语课程设置框架建构的依据。研究中还采用调查问卷的形式，对我国示范高职院校的英语课程设置状况进行了调查，收集其课程大纲，教学计划等教学材料，并对各专业情况进行调查，分析英语课程设置与专业课的对接情况；分别对我校毕业生、用人单位进行调查，了解用人单位对职业院校学生英语能力的要求。研究中还采用座谈的形式，与本校专业课教师座谈，了解其对英语课程的要求。

本阶段采用的研究方法：以具有影响和代表性的几所高职高专英语课程大纲和教学计划为切入点，结合对用人单位和各校专业设置对英语课程要求的调查，分析基础英语课程设计的实用性。结合我院英语教学实际，针对高职教育"实用为主，够用为度"的教学目标和教学原则，分析和确定听、说、读、写、译等项在整个英语教学中所占课时的比例，确定英语教学的侧重点，从而制定针对适合职教要求的教学大纲。

教学实践部分：根据《高职高专教育英语课程教学基本要求》中对学生英语能力的具体要求，针对英语听说、阅读和写作等不同课程的特点，结合职业院校毕业生的岗位要求，将英语能力细化，就如何培养学生的英语听说、阅读和写作能力进行分项研究。

本阶段采用的研究方法：此研究环节采用理论研究与教学实践相结合的方法，部分研究采用实证研究的方式，对高职高专英语课程的改革中提出的新方法、新思路进行验证。英语听说能力培养中，强调了“情景教学法”在高职院校英语课堂中的作用；英语阅读能力培养中，提出了通过手机定制阅读内容的尝试；英语写作训练中，借助“批改网”和网络语料库等大数据平台，改革传统的英语写作模式。

拓展研究部分：拓展部分主要研究与英语课程设置和教学实践相关的几个方面：课程评价、教材和师资发展。课程评价对教师的教学和学生的学习发挥着指挥棒的作用，对两者产生直接的影响。科学的课程评价，可以促使教师优化教学，可以调动学生学习的积极性。教材是教学内容的载体，梳理高职院校英语教材的发展变化，可以从一个方面反映出高职院校英语课程设置的发展。教师是课程设置的实施者，研究教师队伍的职业发展，可以从一个侧面了解英语课程未来的发展方向和发展程度。

第二章　文献综述

【导读】本章对“高等职业院校英语课程设置的研究和实践”中所涉及的概念进行了明晰和厘定，对研究的范围进行了具体的描述。系统梳理了国内外关于课程设置研究，对课程设置的研究和高职英语课程设置给出了明确地发展脉络和发展阶段。同时，指出了国内对高职院校英语课程设置研究的不足，这也成为本研究的研究方向和研究重点。

严格说来，本章内容和传统的文献综述有一定差别，它的侧重点不是回顾历史研究文献，而是着重明晰、界定本研究中的一些概念，以免研究流于宽泛，或使读者产生误解。

2.1 主要概念的界定

本研究的对象是“高职院校”的英语课程设置，首先，要明确的一个概念，什么是高职院校？它属于哪种性质的学校？其次，在本研究中，课程设置包含哪些方面的含义？或者说，要研究英语的哪些方面？接下来，就对本研究中的主要概念进行界定。

2.1.1 高职院校

虽然高职院校在高等教育中占近半壁江山，而且近年来高职教育的发展呈突飞猛进之势，我们还是有必要认真思考一下，什么是高职院校？想清楚这个问题，后续的一些研究才会有更明确的范围和框架。

本书中提到的“高职院校”，是高职（高等职业学校或学院）和高专（高等专科学校）的统称，它们都是专科（大专）层次的普通高等学校。所谓高职，可以用三句话来概括：它是高等教育；它是职业技术教育；它是职业技术教育的高等阶段。我们可以从它的沿革来明确它在整个教育体系中的地位和作用。

我国的学校化职业教育可以追溯到清朝末期，1840 年鸦片战争之后，一些有识之士提出要学习西方技艺，开拓新学，培养实用人才。19 世纪 60 年代，开办了洋务学堂，培养近现代工业技术人才。比如，福建马尾船政学堂就开设了法语、英语等外语课程，教学目的是帮助学习优异者到法国、英国继续学习。这可以看作职业教育中外语课程的开端。民国时期一直到中华人民共和国成立后的20世纪50年代，中国的职业教育都处于积极发展的状态。但当时国内的职业教育主要集中在中等职业教育和技工学校的阶段，还没有完善的高等职业教育体系。

中国现代职业教育的发展一般认为始于20世纪80年代。1980年，国家开始试办高等职业教育（职业大学）；1985年，中共中央颁布的《关于教育体制改革的决定》，其中明确提出："……积极发展高等职业技术院校，……逐步建立起一个从初级到高级、行业配套、结构合理又能与普通教育相沟通的职业技术教育体系。"1998年，全国人大通过并颁布了《高教法》。《高教法》中明确指出："本法所称高等学校是指大学、独立设置的学院、高等专科学校，其中包括高等职业学校和成人高等学校。"这里非常明确地把高等职业学校作为高等教育的一部分确定了下来。

目前，我国实施高等职业教育的学校共有五类：第一类是高等职业技术学院和高等技术专科学校；第二类是具有职业性、地方性、实用性的短期职业大学；第三类是普通中等专业学校举办五年制的高等职业教育班；第四类是在部分普通高等学校和成人高等学校中举办高等职业教育；第五类是普通专科学校，但对它的人才培养进行改革，强调为生产第一线培养实用型人才，即培养高等职业技术人才。这五类高等职业教育的学校正是本研究的研究对象，它们中的绝大多数都停留在专科教育的水平。

后来，为了适应国家经济转型和新的经济增长方式转变对各类高级技能人才的需求，构建现代职业教育的"立交桥"，促进现代职业教育的发展，教育部于2013年2月初启动了“高等职业本科教育”项目。教育部在全国选择31所高校组成应用科技大学改革战略研究试点小组，构建高等职业本科教育。此类职业教育形式不包括在本研究所论述的“高等职业院校”的范围之内。

2.1.2 英语课程

本研究中所说的英语课程指的是高职院校中除英语专业、商务英语专业之外，针对其他专业学生所开设的公共英语课程。此类课程是面向高职院校中除英语专业、商务英语专业之外的所有学生开设的公共必修课程，是高职院校英语教学的主要组成部分，也是高职院校英语教学改革的主体，因此也是本研究要探讨的主体。

高职院校英语课程的研究是高职英语研究的一大热点（详见《国内高等职业英语研究热点问题评介》），但各个高职院校对英语课程的改革处于各自为政的状态，没有统一的顶层设计，也缺乏相对权威的参考。并且，由于高职院校的地域分布、行业特色、专业设置等不同，各高职院校对英语课程设置改革的方向有不同的认识。因此，虽然作为高职院校的英语公共必修课，不同的院校可能会使用不同的名称。文中所使用的“通识英语”“行业英语”“职业英语”均指除英语专业外的各专业学生的公共英语必修课，也就是本研究的研究对象。

2.1.3 课程设置

要想明晰课程设置的概念，首先需要弄清楚课程的含义。

国外对课程的研究开始比较早，关于课程有不同的解释。英国教育家斯宾塞（H. Spencer）在《什么知识最有价值》中第一次提出Curriculum（课程）一词，意指教学内容的系统组织。大卫·纽南（David Nunan）认为课程的含义非常广泛，包括了整个教育体系的所有制定的教学活动。纽南对课程的定义可以从三个方面去理解：行动计划或规范；教学过程的连续呈现；学习过程的结果。尽管专家们对“课程”的定义有不同的理解，但一般来说，“课程”指的是怎样来学习一门课。综合起来，“课程”指的是学习情景中教和学的全部活动，通过激发学生参与到开发设计好的一系列活动中，从而达到预定目的或实现一定价值。

清楚了课程的含义，我们再来看看“课程设置”有哪些含义。

英国语言学家 Richards Platt 等人在《英语教学及应用语言学词典》中，将“课程设置”定义为“对教育体系中目标、内容、实施和评价的研究和开发”。他们同时指出，“在语言教学中，课程开发包括：（1）对学习者学习一门语言的目的的研究（需求分析）；（2）教学目标的设置，教学大纲的开发，教学方法的研究，教学材料的选择；（3）教学过程对学习这门语言能力效果的评价”（John Platt & Heidi Platt，2000：118）。

美国课程论专家舒伯特（W. H. Schubert）认为课程设置是指学校或其他机构安排的课程的整个范围和特征。它可以指在既定的时间里，如一学年、一学期或一段时间里安排的那些课程。美国著名教育家泰勒在他的著作《课程与教学的基本原理》中，提出了四个问题，可以看作课程设置的说明：①学校应该达到哪些目标？②提供哪些教育经验才能实现这些目标？③怎样才能有效地组织这些经验？④我们怎样确定这些教育目标正在得到实现？这四个问题依次关注的是教育目标、课程内容、教学和评估。在这里，泰勒将课程设置进行了细化和说明。

查阅相关文献发现，虽然国内的专家学者对高等职业教育的课程研究有一定的成果，但针对课程设置的研究却不是很多，专门对高职院校英语课程设置的研究就更少了。关于“课程设置”，《教育大辞典》第一卷将其定义为“课程设置是学校开设的教学科目”。我国课程理论专家陈侠从“课程设置”和“课程设计”的角度对“课程设置”进行说明，他认为“课程设计”是从各门科学专家、教育科学专家或课程研究人员的角度来研究课程的类型（如采用学科课程还是活动课程，综合课程还是核心课程），研究编订有关课程文件的具体内容，包括某一学科的教学目的和任务、教材选择的范围（广度和深度）及其排列的顺序、各部分教材的分量和教学时间的分配、实验仪器和各项教具的使用等。概括起来，就是某一门课程如何教的研究。而“课程设置”是更高层次的研究，是指各级各类学校开设的教学科目和教学时数。我国教育理论专家刘家城的定义为：课程设置就是在专业设置后根据教学对象的实际、学制长短和教学目的的需要，按照基础理论、专业基础理论和专业理论等层次以及考试课和考查课，必修课和选修课等类别，周密规划、设计和确定教学科目的过程。简言之，就是为实现对学生的培养目标，开设哪些课程以及如何开设这些课程所进行的计划和活动的过程。

尽管国内外的专家、学者对课程设置的表述不一致，甚至对课程设置的理解也因人而异，但他们都有一些共同之处。综合上述观点，本研究中课程设置定义为：为了达到一定的教育目的，由学校或教育主管部门根据社会、学科学习和学生的个人发展的需要，有计划地进行课程开发和课程选择的一系列活动。

2.2　高职院校英语课程设置研究的主要内容

尽管专家学者们在定义"课程设置"时，对课程设置的内容有简单的表述，但课程设置研究的主要内容具体有哪些呢？

首先看 Richards. J 等人对课程设置的描述：

Jack C. Richards（1984）认为课程设置是一个综合的、循环的过程，包括"确定学习者的需求；设定满足这些需求的项目的目标或目的；制定适当的大纲、课程结构、教学方法、教学材料；对基于这些过程的语言项目做出评价"。它是一个对语言项目进行设计、修订、实施和评价的内在联系的循环过程。具体来说，课程设置主要解决以下问题：

采用哪些途径来确定教学内容？

学习者有哪些需求？

怎样确定学习者的需求？

教学的根本目的或目标是什么？这些目标怎样制定？

在教学中怎样才是好的教学方法？

在挑选、采用和设计教学材料时，应注意哪些问题？

怎样评价教学效果？

Richards 随后对课程设置做了更明确的解释，他认为课程设置过程应包括以下主要阶段：情景分析、需求分析、目标设定、制定大纲、教学材料和评价。

Taba（1962）认为课程设置包括规划、实施和评价，而且这些环节的顺序不变。David Nunan（1988）提出如下课程设置模式：初步设计过程（包括数据收集和学习者分组）；内容选择和分级；教学方法（包括选择教学活动和教学材料）；持续监测；评估和评价。

而国内近年来对课程的研究逐渐升温，但对课程设置的研究还显得不够系统。现有的研究也多是引述或研究国外的一些课程设置对我国本土教育体系的启示，或是针对某一领域（如商务英语、英语专业）课程设置的研究。如陈淳的《高职课程设置中的问题和对策》（2009）中，对课程设置的研究主要是从社会需求、学科建设、人格取向和个性发展的角度切入的。有的研究是基于学习者的需求分析的，如祝琙《课程设置的学习者需求分析》。在这些文献中，都没有对课程设置所研究内容的完整、系统的论述。

综合国内外的研究，并结合我国高职院校英语教学的实际情况，对英语课程设置的研究主要集中在以下几个方面：学习者的需求分析、教学目标的制定、教学大纲编写、教学内容的选择、教学方法的研究、学习者学习方法的研究和教学评估和评价。

“高职院校英语课程设置的研究和实践”就是在上述定义下，研究在高等职业院校这个特定的教育层次，为加强学生的英语基础知识的学习和训练，培养学生的英语应用能力，制定的适合高职院校学生培养目标的教学大纲、课程结构、课程内容、课程评价；研究、设计并实践适合高职院校学生学习特点的教学方法和手段；在此框架下，探讨高职院校教师自身的专业发展等。

2.3　国外课程设置研究的现状

2.3.1　国内外课程设置研究的现状

欧美等发达国家对职业教育课程方面的研究比较充分，包括理论研究和实证研究，都取得了较大的成果。纵观第二次世界大战后国际职业教育课程的发展、演变，大体可以分为四个阶段：知识本位主导阶段、能力本位主导阶段、从能力本位向人格本位倾斜阶段和素质本位阶段。这四个阶段没有明显的界线，但在不同的阶段，知识、能力和人格三要素在课程构建与实施中所占的比重不同，因而产生了不同的课程模式。

(1) 知识本位主导阶段（第二次世界大战后至 20 世纪 70 年代）：第二次世界的大战后，各国急需恢复经济、发展生产，因而需要大量的人才，尤其是各类技术人才供不应求。在此背景下，发达国家通过立法、经费投入等手段，大力发展职业教育。典型代表是英语“三明治”式高级技术课程模式。但此时的职业教育及其课程总体上还是知识本位或学科本位的，其特征是重视知识学习，忽视能力培养；重视理论教学，忽视实践训练。这在一定程度上影响了人才培养的质量。

（2）能力本位主导阶段（20 世纪 70—80 年代中后期）：20 世纪 70 年代的经济危机导致了失业人员大幅度增加，就业环境竞争激烈。但是经过职业教育，尤其是高等职教育的培养的人才备受青睐，于是人们纷纷进入职业院校来学习专门的技能。高等职业教育再度兴起，但教育从传统的知识本位转向能力本位，课程构建与实施也以能力本位为取向。这一时期先后出现了加拿大的 CBE 课程模式、国际劳工组织的 MES 课程模式、英国的 BTEC 课程模式和德国的双元制模式等。目前，能力本位还继续对世界职业教育的课程构建产生着极大的影响。

（3）从能力本位向人格本位倾斜阶段（20 世纪 80—90 年代中后期）：欧洲的人格主义教育学重视独立人格的价值，强调发展自由人格，在批判“能力本位”的基础上，提出教育培养的是个体的人格，而不是技能或能力。其社会背景是随着经济发展、科技进步和文化繁荣，人的精神荒芜、道德日渐沦丧。日本明确提出“教育首先必须以培养健全人格为目标”，美国提出“劳动力本位”，德国也对其双元制进行改革，注重培养学生道德品质，提高学生的精神修养。此时，增加了人文课程，出现了宽口径、模块化课程，有的国家实行了弹性学制。

（4）素质本位阶段（20 世纪 90 年代中后期至今）：从 20 世纪 90 年代中后期开始，社会越来越需要全面的或综合性的高素质人才。职业教育已经从单一的重视知识学习、能力培养或人格培育转向用“素质”将三者整合于一体了。美国提出了“从学校到工作”“从学校到生涯”的教育理念；德国更深入地改革其双元制，掀起了一场基于工作过程和行动导向的课程与教学改革运动；英国改革了国家职业资格认证体系，从而有效地促进了不同职业资格课程体系的融合。此时的课程体系出现高度融合状态，如文化基础课程与专业课程整合、人文课程与科技课程整合、理论课程与实践课程一体、专业课程与资格课程融合，等等。

2.3.2 国内课程设置研究的现状

我国高职教育的历史比较短，从第一所职业大学创立至今，走过了三十多年的发展之路。

在职业教育开办之初，由于办学经验匮乏，我国的高等职业教育最初参照的是普通本科院校教育的模式，采取学科式培养模式，课程结构按照学科来分类，围绕学科教学和技能训练两个中心组织教学。学科之间相互独立，按自己固有的教学顺序安排教学内容。这一时期的课程分为基础课、专业基础课和专业课三类，被称为“三段式”课程模式。之后有过课程的模块整合，加大了实践实训环节，但基本上没有摆脱三段式课程模式。

20 世纪 80 年代中期到同世纪 90 年代中期，随着中外国际合作项目的开展，我国的职业教育分别引进了 MES 课程、德国的双元制课程模式和加拿大的 CBE 课程模式。这个阶段我国高等职业教育的课程开始脱离传统学科课程框架的束缚，初步形成了以职业能力培养为基础的新课程体系。

20 世纪 90 年代末，德国提出了工作过程的职业教育课程理念和设计方法，将工作过程的系统化融入课程设置中。2004 年，我国教育部与劳动部联合颁发了《职业院校技能型紧缺人才培养培训指导方案》，重点提出了职业教育课程的设置要在一定程度上加强理论学习与工作之间的联系，要求高职院校的课程设置要按照企业的实际工作任务，加强校企合作、工学结合，运用“工作过程系统化”的课程模式设置课程。此时，德国的基于工作过程的课程设置理念被引入我国，基于工作过程的课程体系和项目化的课程模块在上海、浙江等地开始实验并逐步推广。

2.3.3 国内对高职英语课程设置的研究

国内对课程设置的研究主要集中在基础教育这一层次，对高校课程设置的研究相对来说比较少，对高等职业教育课程设置的研究就更少了。虽然近年来高等职业教育得到迅猛发展，课程改革也在不断进行，但专门针对课程设置的研究主要集中在以下几个方面：1. 高职英语课程的定位；2. 高职行业英语课程开发的概念界定及理论依据、课程设置研究及实践；3. 公共英语或专业、行业英语课程体系的研究，例如：以需求为导向的高职高专医护专业英语课程体系设计；基于工作情境的高职涉外护理专业英语课程设计与实施；4. 高职院校英语项目化课程的开发与实践，例如：高职行业英语项目课程开发的实践策略；高职秘书英语课程中的项目化教学实践研究。

就业为导向和项目化课程体系是高职院校英语课程改革的发展方向。结合文献分析来看，目前高职院校英语课程的研究主要是针对课程设置某一环节的研究，对课程设置的整体研究还不多，对目前高职院校已有的课程体系缺乏系统的分析。

第三章 我国高职院校英语课程设置的现状调查

【导读】 以部分国家示范性高等职业院校的英语课程设置为例，从各校开设的英语课程的课程名称、门数、课时、学分、开设学期等方面，对照《高职高专教育英语课程教学基本要求》，分析了高职院校英语课程设置现状与《基本要求》之间的差距。

高职院校的英语课程设置经历了一个较大的变化过程。高职院校的英语课程在开设初期，深受本科院校本科专业《大学英语》设置的影响，授课时间长达三个至四个学期，学时多达280节，英语教材主要选用教育部的规划教材，有的院校直接使用本科院校通用的上海外语教育出版社出版的《大学英语》（精读和泛读）。2000年，教育部颁布了《关于加强高职高专教育人才培养工作的意见》

（以下简称《意见》），指出高职高专类学校的课程设置要“以应用为主旨和特征构建课程和教学内容体系；实践教学的主要目的是培养学生的技术应用能力，并在教学计划中占有较大比重”，同时指出“基础理论教学要以应用为目的，以必需、够用为度，以讲清概念、强化应用为教学重点”。随后，职业院校总体课程设置开始体现出职业院校的特色。随着“工学结合、校企合作”办学思想的普及，高职院校在课程设置、课时安排上向专业课和实习实训倾斜，英语课程的总课时被压缩60%之多，有的院校只安排两个学期、甚至一个学期的教学，课程共计时数约为120节，所使用的英语教材也开始呈多元化发展的趋势，英语课程开始向职业或职场方向转化。

3.1 高职院校的英语课程开设的情况

目前，我国高职院校的英语课程开设的情况如何呢？截至2015年，我国有高等职业院校1 322所，其中有三批共109所高职院校进入国家示范性高等职业院校建设计划。研究高职院校的英语课程设置情况，就以部分国家示范性高等职业院校的英语课程设置情况为例，进行分析说明。结合课程设置的研究内容，主要从各校公共英语课开设的门数、名称、课时、学分、开设学期方面来分析英语课程设置情况。

表 3－1　五所示范性高职院校英语课程的开设情况

学校名称	课程类别	总学时数	学分	周学时/开设学期	适用对象
北京电子科技职业学院	大学英语	128	4	4/1，4/2	除英语专业外各专业
	行业英语	32	2	2/3	除英语专业外各专业
	选修课	18	1	不限	不限
深圳职业技术学院	公共外语Ⅰ（英语综合）	45	3.5	3/1	除英语专业外各专业
	公共外语Ⅱ（英语综合）	45	3.5	3/2	除英语专业外各专业
	公共外语Ⅰ（英语听说）	15	1	1/1	除英语专业外各专业
	公共外语Ⅱ（英语听说）	15	1	1/2	除英语专业外各专业
邢台职业技术学院	大学英语	288	18	4/4	本科各专业
	应用英语（A层）	128	8	4/1，4/2	专科公外各专业
南京交通职业技术学院	实用英语	158，（180～240）	8～10	6/1，4/2	除英语专业外各专业
	选修课、第二课堂	108		6/2	不限
宁波职业技术学院	大学英语	128	8	4/1，4/2	工科类各专业

3.1.1　高职英语课程名称

从课程开设的名称分析，五所院校的英语课程各不相同，有大学英语、公共外语、实用英语和应用英语。“大学英语和公共外语”

的课程类别，没有能够与本科院校的英语必修课名称区别开来，在课程设置上还或多或少地有依附于本科院校英语课程的倾向。“实用英语”和“应用英语”在名称上就完全脱离了本科院校的英语课程设置，体现了高职院校“以培养高等技术应用性专门人才为根本任务；以适应社会需要为目标、以培养技术应用能力为主线设计学生的知识、能力、素质结构和培养方案”的要求。

3.1.2 高职英语课程开设课时

从各院校英语课程开设的课时分析，各院校开设英语课的学时差异巨大，从120学时到348学时不等。其中深圳职业技术学院最少，仅120学时；最高的是南京交通职业技术学院，必修课实用英语因各专业不同，学时从180到240不等，另外还有英语第二课堂或选修课108学时。在所调查的所有高职院校中首屈一指，这种情况在各高职院校大幅度压缩英语教学课时的情况下，属于很罕见的现象。邢台职业技术学院的“大学英语”部分，针对的是本科各专业的学生，因此，不在本研究的范围之内。

五所高职院校的英语开设学时分别为：

表3－2 五所示范性高职院校英语课程总学时数

学校名称	学时数
深圳职业技术学院	120
宁波职业技术学院	128
邢台职业技术学院	128
北京电子科技职业学院	160
南京交通职业技术学院	288～348

教育部高教司于2000年颁布的《高职高专教育英语课程教学基本要求》规定，高职院校的英语教学为180学时至220学时。但从上表中可以看到，只有南京交通职业技术学院达到了《基本要求》规定的学时要求，而绝大多数高职院校的英语课程教学课时都没能达到《基本要求》中规定的180学时至220学时的教学要求。

3.1.3　高职英语课程开设类型

从课程开设的类型分析，高职英语课程开设的类型比较单一。《高职高专教育英语课程教学基本要求》指出：经过高职高专阶段的英语学习，“使学生掌握一定的英语基础知识和技能，具有一定的听、说、读、写、译的能力，从而能借助词典阅读和翻译有关英语业务资料，在涉外交际的日常活动和业务活动中进行简单的口头和书面交流，并为今后进一步提高英语的交际能力打下基础”。高职院校对学生英语方位的培养，既要传授英语知识，又要培养应用英语的技能，而且要求学生具备听、说、读、写、译全方面的英语技能。在调查的五所高职院校中，只有深圳职业技术学院开设有英语综合课程和英语听说课程，将对学生听、说能力的培养以独立课程的形式固定下来。而其余院校都开设的是英语综合课程，对英语单项能力的培养，有的是以开设选修课的形式实现的，比如北京电子科技职业学院开设了“英语口语”选修课。

在英语综合课程课堂的教学过程中，很难达到对听、说、读、写、译能力全方位的培养与训练。在学时有限、教学材料固定的情况下，课堂教学活动更多的是对词汇的学习、对阅读能力的训练，写作和翻译一般作为篇章后的练习题的形式出现，对学生听说能力的训练，有时就变得可有可无了。深圳职业技术学院在所调查的院校中学时最少，但他将听说课从综合课程中分离出来，单独开设，体现了对学生听说能力的训练与培养的重视。

《高职高专教育英语课程教学基本要求》要求学生能够“在涉外交际的日常活动和业务活动中进行简单的口头和书面交流，并为今后进一步提高英语的交际能力打下基础”。学生的英语交际能力成为人才培养的重心。但是，怎样在英语学时有限的情况下完成对学生交际能力的训练呢？开设选修课和第二课堂就变得非常必要。由于各院校的英语必修课一般在第一学期、第二学期开设，而对学生的英语交际能力的培养却不会随英语课程的结束而完成。开设英语选修课，或开展第二英语课堂，可以作为英语必修课的补充，或者是英语必修课的延续，学生进一步学习英语，为提高英语交际能力提供了帮助，也能更好地实现高职院校对学生的培养目标。

3.1.4 高职英语教学分级情况

从分级分类教学要求分析，部分高职院校做到了英语的分级分类教学。由于高职院校学生的来源比较复杂，一部分来自普通高中，一部分来自中专、技校或职业高中，他们入学时的英语水平参差不齐，英语学习习惯和学习能力也存在较大差异，因此，《高职高专教育英语课程教学基本要求》要求高职院校的英语课程的教学分为 A、B 两级，实行分级指导。在实际教学中，有的学校根据学生的英语水平，实行分层教学，实现了对学生的分级指导。

3.2 总 结

总体来说，当前高职院校的英语课程设置与教育部高教司的《高职高专教育英语课程教学基本要求》所规定的培养目标之间还有一定的差距，主要表现在英语课学时较少，且主要集中在第一学期和第二学期，难于实现学生英语学习的延续，难以保证学生的英语交际能力持续养成；英语课程对学生的英语技能和英语应用能力的培养和训练没有给予足够的重视；有的院校的英语课程在定位上就没能体现出职业特色。关于英语课程设置的问题，将在后续章节中结合各学院的人才培养方案进行更为详细的分析。

第四章　高职高专英语课程设置的理论依据

【导读】 课程设置是一个自上而下的庞大的科学体系，在制定过程中需要对其研究对象进行系统的分析，同时需要有合理的教育理论作支撑。本章以《国际教育标准分类》为依据，分析了高等职业教育在整个教育体系中的定位；同时从认知学和语言学的角度，阐述了课程设置的理论基础。

课程设置是一个庞大、复杂的工程，应该是一个自上而下的过程。课程构建通常基于两个方面：一是理论基础；二是方法技术。理论基础是从宏观上影响课程构建的理论因素，是课程设置的理论依据和指导原则，要结合学科、学生和社会三个方面因素进行分析。方法技术是在课程构建理论指导下，将课程设置的各要素进行安排。

本节内容主要分析课程构建的理论依据。

课程设置是一个涵盖教学对象、教学目标、教学内容、教学方法、教学评价等多方面内容的庞大体系，高等职业院校的课程设置要想制定得科学、合理，在制定课程设置之前，就需要对它的研究对象进行系统的分析，并在一定教育理念的指导下进行。课程设置的主要活动是教学，包括教学目标、教学内容、教学方法和教学评价，因此课程设置的制定要遵循教育的一般规律；课程设置的教学对象是学生，最终衡量课程设置成功与否的，是检验学生是否达到了既定的学习目的。在学生学习的过程中，心理因素发挥着很大作用。因此，课程设置的制定要考虑心理学的因素。本课程设置研究的是高职院校的英语课程，是一种语言的学习，因此，在制定课程设置时，还应遵循语言学习的规律。

4.1　高职英语课程的定位

第二章对高等职业教育的概念进行了界定，现在我们来看高等职业教育在整个教育体系的定位及国际上对其教育标准分类的较权威的解释。

根据 1997 年联合国教科文组织颁布的《国际教育标准分类》，将教育分为七个等级，分别是：学前教育为 0 级、小学教育为 1 级、初中教育为 2 级、高中阶段教育为 3 级、高中阶段与大学阶段之间有一段补习期教育为 4 级、大学阶段教育为 5 级、研究生阶段教育为 6 级。其中“标准分类”又将“大学阶段教育”分为“学术性为主的教育（5A）”和“技术性为主的教育（5B）”。“标准分类”对学术性为主的教育（5A）描述为：“课程在很大程度上是理论性的，目的是进入高级研究课程和从事工程要求的职业做充分的准备。”“标准分类”对技术性为主的教育（5B）描述为：“课程内容是面向实际的，是分具体职业的，主要目的是让学生获得从事某个职业或行业或某类职业或行业所需的实际技能和知识，完成这一级学业的学生一般具备进入劳务市场所需的能力和资格。”从“标准分类”可以看出，5B 就是我们研究的对象——高等职业教育，“标准分类”为高等职业教育在整个教育体系中的地位和作用做了明确的规定和说明，同时也对高等职业教育的课程内容做了方向性的指导，即从学生传授知识的同时，训练学生运用知识的实践能力，为学生从事某个职业或行业或某类职业或行业准备条件，使学生有从事某种职业或行业的能力和资格。

4.2 高职英语课程设置的认知学理论基础

“他山之石，可以攻玉。”我们可以借鉴国外课程设置研究的先进理念和成果，为我们的课程设置提供参考。职业教育在西方发达国家出现的比较早。第二次世界大战后，科学技术迅速发展，科技转化为生产力就要求有懂技术的专门人才来处理技术性的问题，于是出现了技术类学校，如伦敦多科性技术大学就属此类。20 世纪 60 年代以后，世界范围内也涌现了许多技术型教育的学校，如美国的社区学院及大学中的技术学院；德国的高等专科学校和双元制的职业学院；日本的高等专科学校和技术大学；马来西亚的综合技术学院，等等。这些技术学院就相当于我国的高等职业教育学校。

有关职业教育课程的研究，在欧美国家的研究也比较充分和成熟。尽管国外高职教育课程设置的理论众多，但结构主义（有的研究称为建构主义）课程理论在课程理论界占据着重要地位，并且对国外的高职课程设置也产生了重大的影响。

本书以结构主义作为课程研究的理论基础。那么，结构主义到底是一种什么样的理论呢？结构主义的观念虽然很早就被提了出来，但真正得到发扬光大还有赖康德（Kant）、杜威（Dewey）、皮亚杰（Piaget）和维果斯基（Vygotsky）等人的推动和发展。结构主义课程观最早是由皮亚杰提出的，他同时提出人的认知发展包括同化和顺应两个过程。同化就是有机体把外界刺激整合到一个正在形成或已经形成的认知结构中，而顺应则是有机体的内部认知结构受到所同化元素的影响而发生适应性的改变。

结构主义课程观认为，学习者的学习过程就是学生个体通过自身的经验解释将新的单元知识转化为自己的内部表述，丰富到自己的认知结构中的过程。学习者获取新知识的过程不是通过教师的传授，而是强调学习者通过与外部环境的交互作用，利用自身的经验解释，使新知识同化到原有的认知结构中，或通过顺应机制，改变已有的认知结构。这样学习者所获得的，不是单薄的书面知识，而是具体化的知识运用。这与职业教育所强调的培养高等技术应用型专门人才，突出学生的技术应用能力为主的教育指导方针一致。

结构主义课程观认为，学习过程并非学习者机械被动接受知识的过程，学习者是一个活跃的因素，要重视学习者在学习过程中的主观能动性。因此教师在传授知识的同时，一个更大的任务是“激活”学习者原有的知识结构链，使学习者处于一个随时都愿意接收新知识的学习状态。现在教育理念强调的以学生为中心，教学过程应从以“教”为主向以“学”为主转变，正是这一课程观的具体体现。

由于学习的过程需要依靠学习者原有的认知结构，而每个学习者的认知结构有自身的独特性，对外部世界有自己的经验解释，因而不同的学习者对新知识的理解会不完全一致，从而导致了有的学习者在学习中获得的知识与真实世界有偏差，只有经过不断的认知结构的顺应变化，才能纠正偏差，形成正确的认知。由于学习者接受知识的过程不是同步的，并且因个体而异，对外部世界的认知不同，这就要求教学的评价应侧重于对学生的认知过程，而不是学习结果，并且评价的方式应多样化，而不应该一刀切地采用统一考试的形式。

结构主义课程观认为最有效的学习环境是真实世界中的情景，而不是书本上简单抽象的知识汇总。学习的目的不仅仅是让学生懂得某些知识，更重要的是让学生学会运用这些知识去解决现实世界的问题。衡量学生学习成功与否的关键，不是看他“记住”了多少知识，而要考察他运用自身的知识结构去解决实际问题的能力。我国对高职高专人才培养的目标，正是要求“学生应在具有必备的基础理论知识和专门知识的基础上，重点掌握从事本专业领域实际工作的基本能力和基本技能”。这一点也与我国今年高等职业教育所倡导的学生在“做中学”的教育实践相一致。

结构主义课程观的基本主张符合高职课程的特点，所以，以结构主义课程观为理论背景的国外高职课程设置更具有高等职业教育的特色，在实际的运用中也有较好的效果。国外广为熟知的德国的“双元制”模式，加拿大的 CBE 模式以及我国近年来提倡的“基于工作过程的”工学结合的教学模式，都是以结构主义课程观为理论基础的。

4.3　高职英语课程设置的语言学理论基础

对学生来说，英语教学就是英语作为外语的语言学习过程。但因为没有真实的语言环境，英语学习与学生的学习母语有很大差别。为达到《课程要求》规定的学生在听、说、读、写和翻译等全面的英语应用能力，就要在课程设置时进行科学合理的规划，课程设置要遵循语言学习的相关理论。

语言学习相关理论认为，外语学习（或称为二语习得）是一个复杂的过程，在研究二语习得的过程和规律的基础上，语言学家提出了二语习得理论。其中最著名的是美国语言学家 Krashen（1981）提出的第二语言习得模式。该二语习得模式以五个假说为基础：语言习得与学习假说、语言输入假说、情感过滤假说、自然顺序假说和监察假说，其中输入假说是这一理论的核心。Krashen（1981）指出“可理解的语言输入”是语言习得的必要条件，输入材料本身和输入的方式会影响到情感过滤的结果和输出的质量。

从认知规律的角度来讲，二语习得是一个从输入开始、由注意到记忆再到重构并输出的动态过程。Gass（1988）由此提出了一个从认知的角度研究二语习得的理论框架。该二语习得理论认为二语的习得由六个阶段组成，即第二语言输入、被注意的输入、被理解的输入、摄入、融合和第二语言的输出。也就是说，那些能引起学习者注意的语言输入在经过学习者理解后才有可能被学习者的大脑吸收，最终将从外部获得的知识不断融入大脑已有的认知图式中，转化为一种内隐知识达到自动化，作为习得的语言输出。

综合上述语言习得理论，可以得出语言的学习通常遵循“输入—吸收—输出—习得”的顺序。在进行课程设置时，前期的课程宜侧重对学生听读能力的训练，经过大量的、有意义的语言输入和吸收过程，再开始训练学生的说和写的语言技能。而翻译不仅仅需要掌握双语的语言知识，还需要有一定的跨文化知识，是对所学外语内化、习得后，转化成母语的形式进行输出，是语言学习的更高级阶段，因此在课程设置中，宜放到语言技能训练的最后阶段。

第五章　高职高专英语课程标准

【导读】高职院校英语课程标准的制定，应符合职业院校在整个教育体系中的教育定位和“以服务为宗旨，以就业为导向”的国家职业教育发展目标。本章阐述了高职高专英语课程标准的制定原则，并以教育部颁发的《高职高专教育英语课程教学基本要求》为参照标准，分析了现有英语课程标准的优点与不足之处。

高职高专英语课程标准曾被称为“高职高专英语课程教学大纲”，有的院校将它称作“英语课程人才培养方案”。该课程标准是各高职院校参照教育部《高职高专教育英语课程教学基本要求》（以下简称《基本要求》），并结合本地区、本院校对所培养学生的具体要求而制定的。一般而言，高职高专英语课程标准（或教学大纲、人才培养方案，以下统称“高职高专英语课程标准”）是指导各高职高专院校英语教学的文件，对英语课程的课程定位、培养目标、课程内容、教学手段和评价方式都给出了明确的说明和要求。

针对高职高专英语课程，教育部只颁布了《基本要求》做一般性指导，没有制定国家层面的统一的课程标准，高职院校英语课程标准是由各高职院校自己制定的。各高等职业院校在制定英语课程标准时，怎样把握课程标准的科学性、合理性和可操作性，是英语课程标准制定者需要特别注意的问题。本章内容将就高职高专英语课程标准的制定原则、现有课程标准的优点与不足进行探讨。

5.1 高职高专英语课程标准的制定原则

根据《高职高专教育英语课程教学基本要求》，高职院校英语课程的教学目的是“使学生掌握一定的英语基础知识和技能，具有一定的听、说、读、写、译的能力，能借助词典阅读和翻译有关英语业务资料，在涉外交际的日常活动和业务活动中进行简单的口头和书面交流，并为今后进一步提高英语的交际能力打下基础”。从这个教学目的出发，高职院校的英语课程标准就要围绕提高学生的英语交流能力、交际能力、阅读能力和翻译能力制定；同时，根据职业院校在整个教育体系中的教育定位和“以服务为宗旨，以就业为导向”的国家职业教育发展目标，高职院校要为社会培养复合型技能型人才，要培养学生“终身学习、持续发展”的能力。因此，高职院校的英语课程就是为学生今后的专业学习、岗位应用及后续职业发展服务。概括起来，高职院校的英语课程要培养学生在听、说、读、写、译方面的英语应用能力，英语课程要为学生今后的学习和工作服务。

因此，高职院校英语课程标准的制定应遵循以下原则：

5.1.1 需求原则

高职院校英语课程标准在制定时，要从学生的实际需求出发，满足学生在后续学习、工作中的需求。

目前，担任高职院校英语教学的教师，大多是文科或理科的知识背景，本身接受的是师范院校或普通高校的教育，对职业院校各专业的知识不是很了解，也不了解各专业对英语学科的知识要求。在制定英语课程标准时，英语教师需要做好前期调研工作。要了解专业课学习对英语知识的需求，高职院校的专业课教师最有发言权；要了解学生在工作岗位上对英语能力的需求，已工作或顶岗实习的学生有最切身的体会，工作单位指导学生的师傅的意见也比较客观、准确。调查、了解来自上述三个方面的意见，就基本能够勾勒出高职院校学生对英语课程的总体需求。下面的例子就是在制定机电类英语课程标准时所做的调研和汇总。

案例分析：机电类大学英语课程标准制定

调研背景

英语课程是我校机电类专业三年制高职学生必修的一门公共基础课程，是为培养我校面向生产、建设、服务和管理一线需要的高素质技能型人才目标服务的，是培养高职学生综合素质、提升职业可持续发展能力的重要课程。为满足学生后续学习和工作的需要，了解机电类专业学生在学习、工作中对英语课程的知识需求。

调研对象

机电类课程在本学院涉及自动控制、轨道交通、工业网络、机电、数控和机械设计六个系。此次调研走访了负责专业教学的系主任；各系负责专业课教学的教师；本学院学生顶岗实习单位（奔驰、博世力士乐、北京开关厂）的部分专业人士和本院校到上述单位工作的毕业生。

调研要解决的问题

了解专业课教学、工作岗位对英语课程的需求，从而制定科学、合理的高职英语课程标准。

调研的主要内容及结果

通过对本院校专业系部和专业课任课教师、工作单位专业技师和本院校毕业生的调研、走访，发现机电类学生在后续的专业学习和工作中，对英语知识需求的侧重点不尽相同，对英语应用能力的要求也因专业而异。

机电类专业课对英语课程的知识要求

（1）掌握基本的英语语法。能识别常见的语法现象；识别产品英文说明书中的常见句式、不完整的句子结构等特殊语法现象；能分析科技文章中复杂长句并理解句意。

（2）能借助工具书（如字典），看懂或掌握一般的专业英语词汇，如机床、零部件的名称，元器件的名称等。

（3）熟悉日常生活和职场环境中常用的对话或陈述性句式。在英语语法方面，机电类专业对学生的英语知识的要求并不高。面对职业院校学生英语语法知识普遍薄弱的实际情况，该专业对学生的英语语法知识的要求仅限于识别的程度，要求学生掌握的语法知识能帮助他们读懂专业课学习中涉及的英语材料。在英语词汇方面，机电类专业课的需求和《基本要求》高度一致。要求学生能借助字典看懂专业词汇。

机电类专业工作岗位对英语课程的能力要求

机电类专业毕业生的主要工作岗位分散在不同的领域，因此岗位需求也相差很大。

（1）英语听、说能力：能听懂日常生活用语和职场环境中的一般性对话或陈述。在调研中发现，机电专业有学生到北京奔驰汽车有限公司（以下简称“奔驰公司”）进行顶岗实习和工作，奔驰公司有部分技师来自德国，学生们需要用英语与德国师傅进行工作或生活方面的交流，因此，他们迫切需要职场环境中的会话能力。机电系轨道交通专业的任课教师反馈说，轨道交通专业的毕业生在轨道交通系统中担任服务性工作，如地铁安检员、地铁入站处的引导员等，他们需要能在工作环境中用英语提供简单的服务，如用英语为外国人提供乘换车指导等服务。对这部分机电类专业的学生来说，英语听说能力是英语教学中需要着重训练的。

（2）英语阅读能力：具有基本的英语阅读能力，能看懂简单的英文说明书，看懂英文电路图。机电专业从事操作类岗位的毕业生，尤其是在中外合作企业中工作的毕业生，对英语阅读能力的需求较为突出。在博世力士乐等企业工作的毕业生反馈说，在工作中经常遇到需要看英文说明书、设备操作指令等情况。能够读懂英文说明书和操作指令，是实际工作中急需的英语能力。

概括来说，机电类专业的毕业生，在工作中对英语能力的需求集中在听说和阅读方面。因为此次英语课程标准制定的调研只针对机电类专业，对英语应用能力的另两个方面——写作和翻译能力没有提出需求要求。如果英语课程标准涉及文科类专业（如文秘等），可能会有针对实用英语写作的需求。由此我们也可以得出结论，职业院校的英语课程标准不能一本行天下，针对不同的专业，需要制定有不同针对性的指导性文件，对英语知识的教学和英语能力的训练要有的放矢。

5.1.2 实用原则

由《基本要求》和制定课程标准前的调研和分析可以得出，高职院校英语教学是为培养学生在生活和职场环境中英语的实用能力而服务的，英语课程标准的制定要符合实用的原则。这里的实用性体现在英语课程标准包括的各个环节：课程内容的实用性、教学方法和手段的实用性、评价方式的实用性。

课程内容的实用性：教学内容是英语教学和英语学习的载体，英语课程教学内容的实用性，就是要求选择符合英语课程教学目标的教学内容。《基本要求》指出，职业院校英语课程是培养学生“在涉外交际的日常活动和业务活动中用英语进行简单的口头和书面交流，并为今后进一步提高英语的交际能力打下基础”。《基本要求》同时特别强调，“高职高专教育培养的是技术、生产、管理、服务等领域的高等应用性专门人才。英语课程不仅应打好语言基础，更要注重培养实际使用语言的技能，特别是使用英语处理日常和涉外业务活动的能力”。在这里，两次提到了学生在今后可能使用英语的环境“涉外的日常活动”和“涉外的业务活动”，英语课程的选材就要围绕这两部分内容展开。

教学方法与手段的实用性：教学方法和手段是实现教学目标的途径，采用何种教学方法和手段，也与教学目标息息相关。职业院校的英语教学“不仅应（使学生）打好语言基础，更要注重培养实际使用语言的技能”，那么，职业院校的英语教学就要传授知识与训练技能相结合。结合针对专业课学习和工作岗位的英语需求的调研可以知道，职业院校学生的英语知识需求很多停留在“识别”层面。如要求学生的语法知识能够帮助他们读懂英文说明书等材料；词汇方面也不要求学生必须达到“四会”（会听、会读、会写、会用），而是要求认识常见的专业词汇，甚至在字典等工具的帮助下，理解部分专业词汇就行。基于这个教学目标，高职院校英语课程的教学就以训练学生的英语应用能力为主，教学方法和教学手段的选择应围绕训练语言技能为中心。

评价方式的实用性

评价方式直接影响教与学过程中采用的方法和手段。调研中遇到一个矛盾的问题，就是如何衡量和评价英语教学的效果。一方面，用人单位希望职业院校的毕业生有很强的英语实用能力；另一方面，由于在招聘时用人单位无法准确衡量毕业生的英语能力，只能以全国性的高职高专英语应用能力考试证书作为参考，因此，参加并通过全国英语应用能力考试成为评价职业院校英语教学效果的标尺。截然不同的两种要求导致了在制定职业院校英语课程标准时面临的矛盾：一方面要将教学重点从知识传授为主向能力训练为主转移；另一方面，却又摆脱不了训练学生的应试能力这个英语教学中广为诟病的弊端。

从毕业生方面反馈的信息，也印证了英语教学中应用与应试能力的矛盾，并明确地反映了英语教学评价改革的急迫性。一个在奔驰公司顶岗实习的学生多次参加英语应用能力考试，但均未能通过。该生对课内知识（应试内容）的学习比较抵触，但工作中需要用英语与来自德国的师傅进行交流，便主动购买英语学习材料，练习英语口语。如果仅从应试方面来说，该学生的英语肯定评为不及格。但是，如果从训练英语实用技能，培养学生自主学习能力方面来考量，该学生完全达到了既定的培养目标。在调研中发现，该生的情况不是个案。因此，高职院校英语教学急需改革评价标准，实现评价手段多样化。以评价方式的改革，来反哺英语教学的改革，使英语课程标准的制定建立在实用的根基之上。

5.2 高职高专现有英语课程标准的优点与不足之处

参照教育部颁发的《高职高专教育英语课程教学基本要求》，比较部分全国示范性高职院校现有的课程标准的课程定位、培养目标、教学要求、教学方法、手段和评价方式，分析其与《基本要求》标准的切合度，对照其是否符合当前高职院校对学生培养的实际要求。

课程定位

高职高专英语课程是适合三年制学生的一门公共基础课。北京科技职业技术学院的课程标准阐明高职英语课程定位是“三年制高职机电专业群学生必修的一门公共基础课程”，邢台职业技术学院的课程标准也指出，“高职英语课程是适合高职三年制各专业的公共基础课”。《基本要求》中说明，高职高专英语课程“适用于高职高专教育（即普通高等专科教育、高等职业教育和成人高等专科教育）非英语专业的学生”。虽然《基本要求》没有明确指出英语课程是一门“公共基础课”，但按照高职院校课程设置来讲，针对所有非英语专业学生的课程，应该就是一门“公共”课程。各高职院校按照英语课程在整个课程设置中的作用，将它定位为“基础课”，这也就间接规定了英语课程应该在高职院校学生低年级阶段开设。在第二章有关高职院校英语课程设置部分，可以验证英语课程一般安排在第一、二学期，与它的基础课的定位相符。

培养目标

《基本要求》规定的英语课程的培养目标，是“经过180～220学时的教学，使学生掌握一定的英语基础知识和技能，具有一定的听、说、读、写、译的能力，从而能借助词典阅读和翻译有关英语业务资料，在涉外交际的日常活动和业务活动中进行简单的口头和书面交流，并为今后进一步提高英语的交际能力打下基础”。

我们对照两个全国示范高职院校英语课程标准的培养目标的描述：

> （1）通过该课程一方面向学生传授英语知识，提高语言水平；另一方面，增进学生对英美等说英语国家文化的了解，提升文化修养；同时，也是最重要的，就是通过对学生英语基本技能及基本业务能力的训练，培养学生的英语应用能力。总之，本课程以市场人才要求为导向，在语言发展和文化载体的良好氛围中，以培养学生英语应用能力为重心，为学生今后继续深造、良好就业打下坚实基础。

(2) 课程目标：该课程以“工学结合，能力为本”的教育理念为指导，以社会和专业需求为出发点，按照“夯实基础、突出技能、鼓励创新”的培养思路，坚持“课证”融通原则，构建“中、专、本”、一体化高职大学英语课程体系，强化“工具性”，兼顾“人文性”，坚持不懈培养综合素质和能力：包括应用能力、职业能力、自主学习能力与应试能力。

由以上可以看出，《基本要求》中对学生听说、阅读和翻译的能力描述非常清楚、具体，对听说能力的使用环境、阅读和翻译能力的辅助手段（借助字典）都给出了详细的说明。相比之下，两份课程标准对英语课程培养的目标就笼统许多。第一份课程标准中提到了培养学生的跨文化知识和学生的英语应用能力，但没有就具体的应用能力进行清晰地描述。第二份课程标准中的课程目标部分，也是使用了模糊的语言，高职英语课程要培养学生综合素质和能力：应用能力、职业能力、自主学习能力与应试能力。这里将英语的基本技能仅作为英语课程的培养任务之一，将英语课程的培养目标赋予了太多的职业教育应担负的使命。

教学要求

《基本要求》中对高职高专英语课程的教学要求有非常详细的描述，并且针对高职院校学生英语水平存在较大差异的实际情况，将教学要求分为较高要求和较低要求两个标准，在每项英语技能中都做出了区分。我们将某两个国家示范高职院校课程标准中的教学要求部分做对比分析，看它们与《基本要求》之间的相符程度。

表 5－1　某高职院校课程标准与《基本要求》的比较

			基本要求	课程标准 1	课程标准 2（机电专业）
总体要求			加强英语语言基础知识和基本技能训练；培养学生实际使用英语进行交际的能力；教学分为较低要求（B 级）和较高要求（A 级），实行分级指导	入学水平较高学生达到较高要求，入学水平较低学生达到较低要求，最后均应达到较高要求	促进学生各项语言技能的协调发展；提高学生语言应用能力、跨文化交际能力与综合文化素养
分项要求	词汇	较高要求	认知 3 400 个英语单词；2 000 个左右的单词能正确拼写，英汉互译；认知 400 个专业英语词汇	认知 3 800 个英语单词；2 100 个左右的单词能正确拼写，英汉互译；认知 400 个专业英语词汇	掌握 3 500 个英语单词；500 ~ 800 个机电行业常见英语词汇
		较低要求	认知 2 500 个英语单词；1 500 个左右的单词能正确拼写，英汉互译	认知 2 800 个英语单词；1 500 个左右的单词能正确拼写，英汉互译	
	语法		基本的英语语法规则，在听、说、读、写、译中能正确运用所学语法知识	基本的英语语法规则，在听、说、读、写、译中能正确运用所学语法知识	能运用常用的语法知识
	听力	较高要求	听懂日常和涉外业务活动；每分钟 120 词左右	听懂日常和涉外业务活动；每分钟 120 词左右	听懂英语讲课，并听懂工作过程中所涉及的有关服务咨询、业务洽谈的句子结构简单的题材，语速为每分钟 60 ~ 80 个词
		较低要求	听懂涉及日常交际的结构；每分钟 110 词左右	听懂涉及日常交际的结构；每分钟 110 词左右	
	口语	较高要求	能用英语进行一般的课堂交际；能在日常和涉外业务活动中进行简单的交流	能用英语进行一般的课堂交际；能在日常和涉外业务活动中进行简单的交流	能用英语进行一般的课堂交流，并能在日常和涉外职场活动中进行简单的交流
		较低要求	掌握一般的课堂用语；能在日常涉外活动中进行简单的交流	掌握一般的课堂用语；能在日常涉外活动中进行简单的交流	

续表

			基本要求	课程标准1	课程标准2 （机电专业）
分项要求	阅读	较高要求	阅读中等难度的一般题材的简短英文资料；生词不超过总词数3%时，阅读速度不低于每分钟70词。能读懂通用的简短实用文字材料，如信函、技术说明书、合同等	阅读中等难度的一般题材的简短英文资料；生词不超过总词数3%时，阅读速度不低于每分钟70词。能读懂通用的简短实用文字材料，如信函、技术说明书、合同等	具备理解课文的能力，具备阅读生词不超过总词数3%的英文资料、读速不低于40词/分的能力
		较低要求	能阅读中等难度的一般题材的简短英文资料；生词不超过总词数3%的英文资料时，阅读速度不低于每分钟50词。能读懂通用的简短实用文字材料，如信函、产品说明等	能阅读中等难度的一般题材的简短英文资料；生词不超过总词数3%的英文资料时，阅读速度不低于每分钟50词。能读懂通用的简短实用文字材料，如信函、产品说明等	
	写作	较高要求	30分钟内写出80～100词的命题作文；能填写和模拟套写简短的英语应用文	30分钟内写出80～100词的命题作文；能填写和模拟套写简短的英语应用文	能回答文章中相关问题，并撰写提纲；就某一话题或提纲写出80个词左右的短文；能填写和套写简短的英语应用文； 能进行机电职场实际应用文体的套写
		较低要求	写出简单的短文；能用英语填写表格，套写便函、简历等	写出简单的短文；能用英语填写表格，套写便函、简历等	
	翻译	较高要求	能借助词典将中等难度的一般题材的文字材料和对外交往中的一般业务文字材料译成汉语，生词不超过总词数5%，笔译速度每小时250个英语词	能借助词典将中等难度的一般题材的文字材料和对外交往中的一般业务文字材料译成汉语，生词不超过总词数5%，笔译速度每小时250个英语词	能借助词典将难易度恰当的文章译成汉语； 生词不超过总词数5%的文字材料，笔译速度每小时120个英语单词
		较低要求	能借助词典将中等偏下难度的一般题材的文字材料译成汉语	能借助词典将中等偏下难度的一般题材的文字材料译成汉语	

由上表可以看出，第一份课程标准仅仅在词汇部分比《基本要求》所规定的词汇标准稍高，其余各项技能与《基本要求》完全一致，没有体现出自己院校的特色。第二份课程标准在课程地位部分规定本院校的英语课程分为通用英语模块和行业英语模块，在通用英语模块采用分层教学（A、B 两层）的形式，行业英语模块采用分级指导的原则（按专业方向划分不同的行业英语方向），但在总体目标和分项目标描述中没有体现出分层和分级的区别。使用第二份课程标准的高职院校地处北京，虽然处于整体教育发达的环境，但职业教育在招生环节一直处于弱势，高职院校能招录的生源知识水平较低。因此，结合实际情况，除词汇一项外，该课程标准在分项教学目标中均设定了低于《基本要求》的标准。

教学方法和手段

《基本要求》特别提出，高职高专英语教学中要“积极引进和使用计算机多媒体、网络技术等现代化的教学手段”，“组织学生参加丰富多彩的英语课外活动”，调动学生学习英语的积极性和主动性。

北京电子科技职业学院的英语课程标准中，明确英语课堂教学采用多媒体课件辅助教学；利用学校多媒体网络资源库和课程教学网站，为学生搭建自主学习平台；组织丰富多彩的英语竞赛和第二课堂活动，调动学生的学习积极性。在教学方法上，也进行了改革和探索，把“单元主题情景教学法”“任务教学法”“项目法”和“互动交际法”贯穿英语教学始终。

邢台职业技术学院英语教学手段以“现代化、信息化、网络化”为特点，采用多媒体课件教学，辅之以数字语言学习系统，为学生提供仿真的虚拟语言学习环境。在教学方法上，根据教学内容和学生特点，采用灵活多样的教学方法，主要有：视听说立体化教学法、启发式教学法和体验式教学法等。

从两所高职院校的英语课程标准可以看出，两校在教学方法和手段上，已完全达到了《基本要求》所提出的要求。

评价方式

《基本要求》提出"语言测试应着重考核学生实际运用语言的能力，防止应试教育"。两所高职院校在英语课程评价方面，都采用了英语应用能力考试与过程性评价相结合的评价方式。北京电子科技职业学院采用"课证融通"的评价方式，将高职高专全国英语应用能力考试成绩作为英语课程第一学期的总评成绩，后续学期的英语课程评价采用平时考核、阶段考查、期末闭卷考试相结合的方式对学生进行考核评价。邢台职业技术学院则采用"过程性考核（50%）+高职高专全国英语应用能力考试成绩（50%）"作为评价方式。两所高职院校的评价方式既重视了英语应用能力考试，又兼顾了对学生学习过程的考核。在实际操作中，只要严格过程性评价的细则和标准，就能做到《基本要求》中提出的重视"学生实际运用语言的能力"的要求，从而避免高职英语教学重蹈应试教学的覆辙。

第六章　高职院校学生英语听说能力的培养研究

创设情景，提高学生的英语交际能力

【导读】为解决英语课堂中的“所学”转变为生活中的“所用”的问题，从多个教学法或教学流派中（情景教学法，交际法和情境学习）得到启发，在课堂上引入了“基于情景”的教学模式来进行英语口语教学。教师在课堂上创设与实际生活相似的情景，为学生提供在这些情境中学习和练习英语的机会。这样做的目的是：1）激发学生学习英语的兴趣；2）调动学生参与课堂活动的积极性；3）使学生在与同伴、老师的实际交流中学会使用学到的英语知识，从而提高他们的英语口语表达能力。

6.1 职业学校英语教学的现状分析

职业学校的教学有别于普教系统的教学，它主要以满足就业（或岗位）需求为目的，但职业学校的英语教学现状不尽如人意。在英语课堂教学中尽可能覆盖听、说、读、写和译等全方位英语能力，但学生在英语学习中感到困难重重，因屡次受挫而逐渐失去学习英语的兴趣；教师在教学中，因课容量有限，学生学习能力较弱等原因，很难达到英语课程标准中要求的对听、说、读、写和译五种能力的训练，常常顾此失彼，难以取得理想的教学效果。为了使职业学校的英语教学真正满足岗位所需，作者就“学生亟待提高的英语能力”和“工作岗位对英语能力的要求”两个问题，对在校生（两个班共 76 人）和毕业生（涉及 12 级到 14 级学生共 84 人）以调查问卷的形式做了随机调查。

对在校生的调查结果显示，82% 的在校生学习英语的目的是满足工作的需要，而且他们认为自己亟待提高英语的听、说和阅读方面的能力。我们再看对毕业生所做调查的结果：84% 的毕业生参加过或想参加英语培训班，希望提高自己的英语水平，并且，他们在工作中使用最多的是英语的听、说和读三方面。这个结果和在校生认为自己英语能力亟待提高的三个方面正好吻合。因此，我们可以确定职业院校英语教学的重点应该是提高学生的听、说和阅读能力。本研究主要针对如何提高学生以听说为主的英语口语交际能力。

传统的英语口语教学主要教授发音，句子的重读和各种句型的声调，或是要求学生练习朗读对话、句型和文章。这样的口语教学究其本质不过是在教学生读书面语，至多再加一点口语用语。朗读对话和课文，进行句型操练是英语口语课采用的最主要的教学方法。结果是，课堂上讲授的英语与实际的生活相差甚远，学生们不会将课堂中的“所学”转变为生活中的“所用”，学生在学习了近十年的英语后，在工作中却不能满足对日常简单英语口语的需要。

为解决这一问题，作者仔细研究了多个教学法或教学流派（情景教学法，交际法和情境学习），并从中得到启发，在自己的课堂教学中引入了“情景化”的教学模式来进行英语口语教学。教师在课堂上创设生活或工作中的情景，为学生提供在该情景中学习和练习英语的机会，激发学生学习英语的兴趣，调动学生参与课堂活动的积极性，使学生在与同伴、老师的实际交流中学会使用学到的英语知识，从而提高他们的英语口语交际能力。

6.2 情景化英语口语教学法的理论依据

在语言教学流派中，“情景化英语教学方法”并不是一种具体的教学方法，而是综合了几种教学方法和流派的特点。为了能更好地解释“情景化英语教学方法”，我们先了解与之相关的三种教学方法：情景教学法、交际法和情境学习，并在此理论基础上对“情景化教学方法”进行详细的研究。

情景教学法：情景教学法可以看作以情景为基础的最早的教学流派。它是20世纪30—60年代由英国的应用语言学家提出的，最初用于英语作为外语或第二语言的教学，曾对中国的英语教学产生过很大的影响。情景教学法主要的特点有：

语言教学从口语教学开始，教学材料首先以口语的形式呈现，其次才以书面形式给出；

课堂使用的语言为目标语（英语）；

新的语言点在情境中引入和练习。

其中第三点是情景教学法最主要的特点，它强调语言的引入和学习应与它使用的情景相连。情景教学法有三个步骤：输入知识和材料，通过重复加强记忆，在实际中使用直到成为个人能力。情景教学法希望学习者能够将课堂情景中学到的知识应用到课堂以外的情境中去。这一点对解决学生将“所学”转化为“所用”有很大帮助。

交际法：经过约30年的发展，情景教学法遇到了自身无法解决的问题，英国应用语言学家又提出了“交际法”来取而代之。交际法旨在：（1）语言教学的目标是训练学习者的交际能力；（2）教学过程的设计为语言教学和提高交际能力服务。交际法主要的特点有：

对话为交际功能服务，而不是用于背诵；

语境化为基本原则；

语言学习是学习如何进行交际；

努力达到有效的交际；

从一开始就应鼓励学习者进行交际；

可以有限使用母语和翻译；

交际能力是最终目标；

流利和能够接受的语言是基本目标；

通过对交际语言的兴趣激发学习者的内在动机。

交际法采用了“做中学”和“经验法”为主的教学方法，在课堂设计中采用了“及时”而不是“延时”的交际活动的练习，这一理论有利于激励学生更大程度地参与课堂活动，激发学生学习英语的兴趣。

情景学习：情景学习是最具“情境”特点的一种学习方法。它最早出现于20世纪80年代，是一种普通的学习理论。在语言学习方面，它强调“语境”中的学习，“情境学习应该在一个虚拟的、有语境的环境中进行。比如，要想学好一门语言，学生必须练习说该语言。课堂活动应该为学生提供练习使用新语言的充分的机会”。因此，在“虚拟”的环境中练习使用新学的语言成为情景学习中语言学习的最核心部分。

情景化英语教学方法：以上述三种教学法为理论基础，提出了高职英语口语的教学方法——情景化英语口语教学方法。该教学方法综合上述三种教学方法的特点，在教学实验和教学设计中做到：（1）创设具体的学习情景；（2）新语言点通过情景来导入；（3）语言和结构的分析以情景需要为基础；（4）在虚拟的环境中练习英语口语。

6.3　以“情景”为基础的教学实验设计

情景化英语口语教学方法就是教师在课堂上创设一定的情景

（该情景与学生在实际生活或工作中遇到的情景相似），为学生提供在该情景中学习和练习英语的机会，通过使用与学生的生活、工作相近的语言材料，激发学生学习英语的兴趣，通过设计现实生活中可能遇到的事例，调动学生参与课堂活动的积极性，通过设计的课堂活动，鼓励学生尽可能地用英语与同伴或老师进行交流，练习在课堂上学到的英语，从而提高他们的英语口语表达能力。

在具体的教学实验中，作者将所教的两个班分为试验班和对照班，根据对两个班的入学成绩（该成绩作为前测）和对两个班学生所做的“英语使用情况的调查问卷”结果显示，两个班学生的英语水平相当，并且两个班的学生人数和男女生比例几乎一样（实验班38人，29男9女；对照班38人，28男10女）。根据现用的教材和实际的教学计划，在为期十六周的实验中设计了六个情景：Meeting on Campus，Making a Trip，My Hobbies，Going Shopping，Solving the problem，Offering and Ordering。在实验班采用情景化教学法授课，并且使用除课本和练习册外一切可用于创设情景的手段和教学材料；在对照班采用传统的英语口语教学法授课，使用课本和练习册作为教学依据，经过十六周的教学实验，将两个班学生的成绩进行对照，从而判断该项研究设想的真实与否。

对照班的教学设计：

对照班采用传统的教学方法，学生座位固定，课堂学习以课本为依据，通过反复朗读对话、课文来获得英语知识，通过句型操练来巩固所学的语言知识。老师在课堂教学中起主导作用，老师决定教材内容的取舍，控制课堂进度，是口语练习的引导者，操纵者和顾问，同时还是课堂的评价者。学生在传统的课堂上是被引导者和被组织者，接受老师发出的教学指令，参与老师组织的课堂活动，按老师的期望完成对话练习或背诵任务。

实验班的实验设计：

实验班的教学设计以为学生创设一定的情景为中心，学生的座位不固定，根据不同的教学活动进行不同的调整，便于进行授课，两人一组或四人一组活动。

在实验班，所使用的教学材料有两类：（1）和对照班一样的课本和根据课本内容所设计的一些表格，用于课堂活动的各个环节；（2）采用实物、图片、多媒体（电影片段，幻灯片）等手段来烘托创设情景，使虚拟的情景更加真实。实验班的课堂活动是以“学习者”为中心来设计的。老师是课堂的组织者、顾问和研究者，学生是课堂的主体，参与课堂学习的全过程：教学进程和评价环节，教学内容和任务的选定，等等。

6.4　数据收集与分析

在十六周的教学实验中，作者采用了一系列的手段来采集和分析数据，主要有：（1）前测和后测，学生的入学考试作为前测，后测包括纸笔形式的试卷和口语形式的考试，在十六周末两个班统一进行考试。采用 SPSS 对前、后测的结果进行分析，分析结果用于对比两个班的学生在试验前后成绩的变化，从而判断实验是否有效；（2）调查问卷：用于调查学生日常生活中使用英语的情况和毕业生日常使用英语的情况；（3）课堂观察：采用弗兰德互动分析系统

（FIAS）收集实验班和对照班学生参与课堂的数据，用于量化分析学生在实验班和对照班上的表现；（4）座谈：从实验班和对照班各抽出 12 名学生（照顾优、中、差生和男女生比例），在期末考试结束后进行。为保证所得信息的真实，座谈由其他老师代做，谈话录音，根据谈话所获得的信息分析实验班和对照班学生对“情景化教学方法”的反馈。

根据收集的数据，作者来分析该实验最初设计的三个问题能否得到肯定的回答。

问题一：

情景化教学方法能否使课堂的学习更接近实际生活中的应用，是否可以刺激英语学习的输入？

由座谈结果可以得出，24 个学生中有 21 个对课堂活动和游戏更感兴趣；相比课本，几乎所有的学生更喜欢图片和实物；有 7 个学生喜欢分角色阅读，但有 17 个学生喜欢角色扮演的交际活动；几乎所有的学生认为与同伴交谈没有压力，能更好地发挥；9 个实验班学生和 4 个对照班的学生认为能够在课堂之外用英语进行交流。由此可以得出结论，情景化教学方法能使课堂的学习更接近实际生活中的应用，可以刺激英语学习的输入。

问题二：

情景化教学方法能否激励学生更大程度地参与课堂活动，是否可以激发学生学习英语的兴趣？

对照班学生课堂参与情况（根据弗兰德互动分类系统评价学生课堂参与情况）：

1）课堂结构

教师语言比率 =1 -7 列次数/总次数 =522/902 =57.9%

学生语言比率 =8 -9 列次数/总次数 =291/902 =32.3%

课堂沉寂比率 =10 列次数/总次数 =89/902 =9.8%

2）教师倾向

间接影响与直接影响比例 =1 -4 列次数/5 -7 列次数 =104/418 =24.9%

积极影响与消极影响比例 =1 -3 列次数/6 -7 列次数 =31/56 =55.3%

3）学生倾向

主动回答与被动回答的比率 =8 列次数/9 列次数 =180/111 =162%

这是一堂新知识的讲解课，课堂中贯穿着学生的活动。老师讲解单词与对话，之后学生练习读单词，朗读、背诵对话和做拓展型练习。表6 -1 显示教师在整堂课中起着主要的作用，数据显示，在整堂课中，教师语言比率占了57.9%，而学生语言比率只占了三分之一左右（32.3%），课堂沉寂比率为9.8%，教师主要通过直接影响（提问）来控制课堂，学生只是被动地参与课堂活动。教师与学生在课堂中的作用可以用下面的动态特征曲线来更好地说明。

表6 -1　对照班的 FIAS 编码表

	1	2	3	4	5	6	7	8	9	10	合计
1	2				1				1	4	
2	1	4		4	1			1	1	3	15
3				2	2					4	

续表

	1	2	3	4	5	6	7	8	9	10	合计
4	3			10	2	2	1	51	1	6	76
5	1	1		12	225	4	2	97	15	11	368
6				4	3	17	2	7	1	6	40
7				2	1		5	1	1	6	16
8	6	6	3	32	98	7	1	17	7	7	184
9	1		1	4	16	4		5	78	3	112
10		2		3	13	6	5	1	6	47	83
合计	14	13	4	73	362	40	16	180	111	89	902

图 6－1 和图 6－2 分别是教师语言和学生语言在每分钟的动态特征曲线。从图 6－1 我们不难看出，在教师语言占课堂语言 57% 的基础上，教师语言实际上在每一分钟都占一半以上。有时教师语言占到了 80%，教师语言只有两个低谷。图 6－2 表示学生语言的动态特征曲线，在大部分时间里，学生参与度比较低，只有一个明显的参与高峰——学生朗读和背诵课文的活动。在整堂课的 30～40 分钟时间段，是拓展性活动，学生的参与度很低，说明学生对本堂课知识的运用不是很熟练。

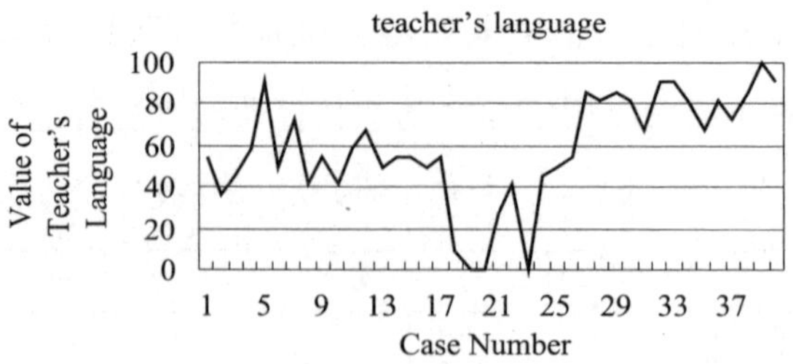

图 6－1　对照班中教师语言的动态特征曲线

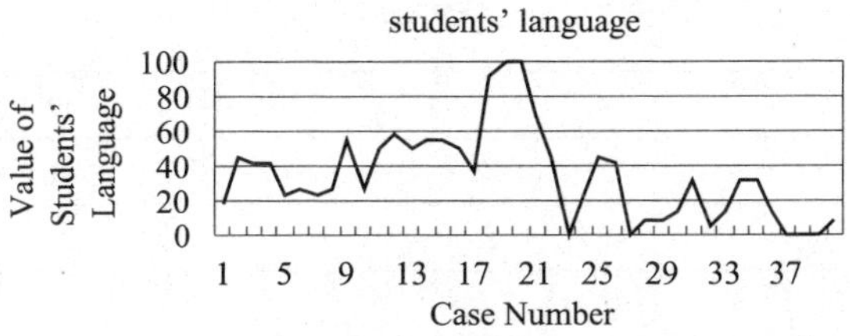

图 6-2　对照班中学生语言的动态特征曲线

实验班学生课堂参与情况：

1）课堂语言结构

教师语言比率 =1 -7 列次数/总次数 =417/903 =46.18%

学生语言比率 =8 -9 列次数/总次数 =425/903 =47.06%

课堂沉寂比率 =10 列次数/总次数 =61/903 =0.61%

2）教师倾向

间接影响与直接影响的比率 =1 -4 列/5 -7 列 =71/411 =17.3%

积极影响与消极影响比率 =1 -3 列次数/6 -7 列次数 =28/53 =52.8%

3）学生倾向

学生被动回答与主动回答比率 =8 列次数/9 列次数 =65/360 =1.4%

我们再来看弗兰德互动分析系统记录的实验班同样部分的授课内容的数据及分析。从表 6-2 的数据分析中我们可以发现，教师语言比率和学生语言比率几乎相等，作为一堂语言课，有近一半的时间是学生在参与课堂活动。并且学生主动参与课堂活动的比率很高。我们再看教师语言和学生语言的动态曲线。

表 6－2　实验班的 FIAS 编码表

	1	2	3	4	5	6	7	8	9	10	合计
1	1							3	1		5
2	1	8		2	1	2		3		7	24
3								1	1		2
4	1	3	1	10	7	3	1	10	3	3	42
5	1	1		3	211	4		23	37	12	292
6				2	8	21		3	13	6	53
7					1					1	
8	1	1		20	23	3		11	4	2	65
9		2		1	34	13		8	291	9	358
10		7		5	8	5	1	3	10	22	61
合计	5	22	1	43	293	51	2	65	360	61	903

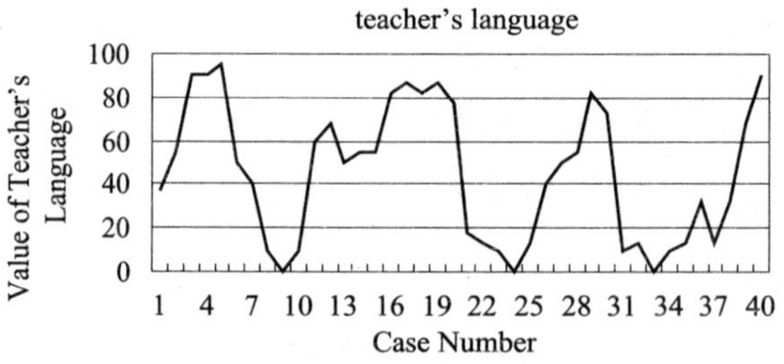

图 6－3　实验班中教师语言的动态特征曲线

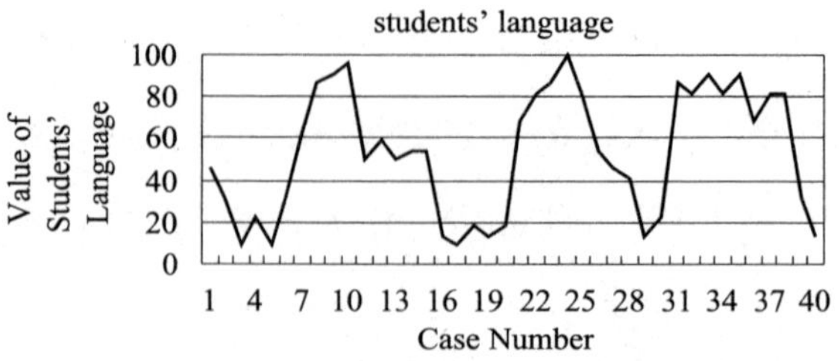

图 6－4　实验班中学生语言的动态特征曲线

从实验班教师和学生语言的动态特征曲线图上，我们可以很直观地看到，教师和学生的语言在时间轴上形成了几个互补的峰谷，说明教师在讲解或发出指令后，学生能很大程度地参与到课堂活动中来。

由此可以得出结论：情景化教学方法能激励学生更大程度的参与课堂活动，可以激发学生学习英语的兴趣。

问题三：

情景化教学方法能否提高学生的英语交际能力？

实验班和对照班前测成绩的 SPSS 系统分析：

表 6－3　实验班和对照班前测成绩的统计量

Group Statistics

VAR00002	N	Mean	Std. Deviation	Std. Error Mean
VAR00001　1.00	38	45.4211	19.48337	3.16062
2.00	38	46.0526	15.46740	2.50914

表 6－4　实验班和对照班前测成绩独立样本 *t* 检验

Independents Samples Test

	Levene's Test for Equality of Variances		t－test for Equality of Means						
	F	Sig.	t	df	Sig. (2－tailed)	Mean Difference	Std. Error Difference	95% Confidence Interval of the Difference	
								Lower	Upper
VAR0000 Equal variance assumed	0.490	0.486	－0.157	74	0.876	－0.63158	4.03551	－8.67250	7.40934
Equal variance not assumed			－0.157	70.379	0.876	－0.63158	4.03551	－8.67938	7.41622

在前测的“统计量”和“独立样本 *t* 检验”两个表格中，实验

班的均值为45.42，对照班的均值为46.05。在 Levene's Test for Equality of Variances 一栏中 F 值为0.490，Sig. 为0.486，表示方差齐性检验「没有显著差异」，即两方差齐（Equal Variances），故下面 t 检验的结果表中要看第一排的数据，亦即方差齐的情况下的 t 检验的结果。在 t－test for Equality of Means 中，第一排（Variances = Equal）的情况：t= －0.157，df =74，Sig.（2－tailed） =0.876。

既然 Sig. =0.876 > 0.05，接受 HO，亦即两样本均数差别没有显著性意义，两个班的学生成绩没有显著性差异。

实验班和对照班后测的笔试成绩 SPSS 系统分析：

表6－5　实验班和对照班后测成绩的统计量

Group Statistics

VAR00002		N	Mean	Std. Deviation	Std. Error Mean
VAR00001	1.00	38	63.7658	19.06314	3.09245
	2.00	38	71.4632	10.75170	1.74416

表6－6　实验班和对照班后测成绩独立样本 t 检验

Independents Samples Test

	Levene's Test for Equality of Variances		t－test for Equality of Means						
	F	Sig.	t	df	Sig. (2－tailed)	Mean Difference	Std. Error Difference	95% Confidence Interval of the Difference Lower	Upper
VAR0000 Equal variance assumed	15.133	0.000	－2168	74	0.033	－7.69737	356040	－14.77189	－0.62304
Equal variance not assumed			－2168	58376	0.034	－7.69737	356040	－14.80329	－0.59145

在后测综合能力的“统计量”和“独立样本 t 检验”两个表格中，实验班的均值为 71.4，对照班的均值为 63.7。在 Levene's Test for Equality of Variances 一栏中 F 值为 15.133，Sig. 为 0.000，表示方差齐性检验「没有显著差异」，即两方差齐（Equal Variances），故下面 t 检验的结果表中要看第一排的数据，亦即方差齐的情况下的 t 检验的结果。在 t - test for Equality of Means 中，第一排（Variances = Equal）的情况：t = 2.168，df = 74，Sig.（2 - tailed） = 0.033。

既然 Sig. = 0.033 < 0.05，拒绝 HO，亦即，两样本均数差别有显著性意义，两个班的学生综合能力成绩有显著性差异。

实验班和对照班后测的口语成绩 SPSS 系统分析：

表 6 - 7 实验班和对照班后测口语成绩的统计量

Group Statistics

VAR00003		N	Mean	Std. Deviation	Std. Error Mean
VAR00002	1.00	38	12.8342	3.66667	0.59481
	2.00	38	14.6974	2.87416	0.46625

表 6 - 8 实验班和对照班后测口语成绩独立样本 t 检验

Independents Samples Test

	Levene's Test for Equality of Variances		t - test for Equality of Means						
	F	Sig.	t	df	Sig. (2 - tailed)	Mean Difference	Std. Error Difference	95% Confidence Interval of the Difference	
								Lower	Upper
VAR0000 Equal variance assumed	3.893	0.052	-2.465	74	-0.16	-1.86316	0.75577	3.36907	-0.35725
Equal variance not assumed			-2.465	70.007	0.16	-1.86316	0.75577	3.37050	-0.35582

在后测口语成绩的“统计量”和“独立样本 t 检验”两个表格中，实验班的均值为 14. 6，对照班的均值为 12. 8。在 Levene's Test for Equality of Variances 一栏中 F 值为 3. 893，Sig. 为 0. 052，表示方差齐性检验「没有显著差异」，即两方差齐（Equal Variances），故下面 t 检验的结果表中要看第一排的数据，亦即方差齐的情况下的 t 检验的结果。在 t - test for Equality of Means 中，第一排（Variances = Equal）的情况：t =2. 465，df =74，Sig. (2 - tailed) = -0. 16。

既然 Sig. = -0. 16 <0. 05，拒绝 HO，亦即，两样本均数差别有显著性意义，两个班的学生成绩有显著性差异。

由 SPSS 数据分析可以得出，实验班和对照班在入学时成绩没有显著差异，但经差异，证明情景化教学方法能提高学生的英语交际能力。

6. 5 结 论

经过十六周的教学实践，高职英语口语课堂教学中“通过创设情景的英语教学可以提高学生的英语交际能力”得到了验证。在创设的一系列情景中，学生得到了更多的语言输入（掌握了更多的语言输入，接触更多的语言素材），在参与课堂活动中，学生可以与同伴在没有压力的情况下，把主要的注意力放在交流上，而不是放在对语言本身的注意上。由于创设的情景非常接近学生的日常生活，或是学生日常生活的再现，这就有助于学生将课堂中的情景直接“移植”到课堂之外，将课堂上学到的英语知识直接“移植”到现实生活中，使困扰老师和学生多年的问题——所学非所用，课堂教学与实际生活脱节的难题一一得到解决。

从理论上看，“情景化教学方法”以“情景教学法”“交际法”和“情景学习”为理论依据，但它吸取了三种教学理论所长，并且取长补短，避免了三种教学理论自身的缺陷，可以说是对教学理论的一种补充。从现实情况来看，本实验对职业学校如何搞好大班口语教学做了一个很好的例证。它将传统的口语教学模式进行了创新和突破，强调和证明了“情景”在英语口语教学中的重要性，为其他教师提供了一个可模仿的例子，也使作者对自己的教学进行了反思。

当然，本研究还有不尽完善的地方。比如，参与实验的职业院校的学生英语水平较低，对于较高水平的学生还缺乏进一步的验证；由于时间与教材所限，只有六个情景被应用到课堂上来，要想真正使学生自如地运用英语进行日常交际，还需创设更多的情景和长时间的练习，等等。这些都还需作者或有志于进行教法改革的同行们进一步探索。

第七章　大学生的微阅读定制研究

【导读】阅读可以强化文化认同、凝聚国家民心、振奋民族精神，可以提高公民素质、淳化社会风气，构建社会核心价值观。但当今大学生受手机等电子产品的影响，阅读方式和阅读习惯发生了很大变化。因此，结合校园网络教育平台与图书馆资源，在大学生中推广定制的“微阅读”计划，以手机推送的形式，为学生提供手机阅读服务，是扩大大学生阅读量，引导健康阅读，提高大学生阅读能力的有益尝试。

“开卷有得，便欣然忘食。”大学生通过阅读获得的益处，微观来说，可以修身养性益智；宏观来讲，青年人阅读能力的高低，直接影响到一个国家和民族的未来。因为阅读可以强化文化认同、凝聚国家民心、振奋民族精神，可以提高公民素质、淳化社会风气，构建社会核心价值观。正因如此，今年李克强总理在《政府工作报告》中，提出要“倡导全民阅读”。全民阅读第一次上升到国家层面。

大学生阅读现状分析

然而，一个不争的事实摆在眼前，中国人均阅读量在世界上排名极低。由中国新闻出版研究院组织实施的第十一次全国国民阅读调查显示，2013 年我国国民人均纸质图书阅读量为 4.77 本，虽比上年增长 0.38 本，但远低于韩国的 11 本，法国的 20 本，日本的 40 本，更远远低于以色列的人均 64 本。超五成的成年国民认为自己的阅读数量较少。面对如此严峻的读书形式，倡导“全民阅读”无疑将成为改变阅读现状的一剂强心针。

但是，在社会生活节奏加快，实用主义风行，电子化出版物如洪水般冲击着传统阅读方式的今天，大学生的阅读方式和阅读状况又是什么样呢？究竟还能有多少人能领略纸墨清香带来的阅读愉悦感呢？

第十一次全国国民阅读调查还显示，我国成年国民数字化阅读方式接触率首次超过半数，人均阅读电子书 2.48 本，比 2012 年增加 0.13 本，上升了 9.8 个百分点。调查结果显示，国民每天平均接触报纸、图书、期刊的时间有所下降，而上网和进行手机阅读的时间则在增加，人均每天读书为 13.43 分钟，而人均每天上网则为 50.78 分钟。在各类阅读中，14.9% 的人使用“手机阅读”，另外还有 1.3% 的人通过 PAD、MP4、电子词典等其他手持式阅读器进行阅读，而且 91% 的读者表示阅读电子书后就不会再购买此书的纸质版。因此，传统的纸质阅读媒体受到冲击，数字阅读有代替传统纸质阅读的趋势。

另据易观国际发布的《中国手机阅读市场用户调研报告 2010》称，手机阅读已经成为移动互联网用户使用频率较高的应用之一，每天阅读一次及以上的用户占比达到 45%。在手机阅读用户中，大学生占据了相当大的比例。据易观国际最新《2011 年中国手机阅读市场用户研究报告》研究发现中国移动手机阅读业务发展迅猛，用户渗透率逐步提高。报告称，手机阅读最主要的两部分为“手机报”和“手机小说”。手机报用户中，19～29 岁的用户占到了很大的比例，约占全部使用用户的 73.6%，高学历的用户比例较大，尤其是本科与大专的用户，其比例分别为 46.5% 和 24.4%；手机小说用户中，19～23 岁的用户占到了很大的比例，约占全部使用用户的 49.4%，其次是 24～29 岁的用户，其比例占到了 27.8%，其中本科与大专的用户比例分别为 48.2% 和 24.8%。学生则有明显的手机上网倾向。这是因为手机为学生的移动上网提供了最为便捷的手段。首先是在学生中应用最多的客户品牌“动感地带”“UP 新势力”等，在套餐中直接加入了上网的资费。这些对推动学生使用手机上网都起到了非常积极的作用。因此在校大学生是手机阅读用户的一个重要组成部分。

大学生手机阅读的特点

大学生作为年轻人，对新鲜事物有强烈的好奇心和尝试欲望，随着智能手机在大学生群体中的普及，手机的功能已远远超出了通信的领域。据调查，手机在大学生使用手机主要集中在玩手机游戏、听音乐、进行手机阅读和观看视频等方面。随着 3G、4G 时代的到来以及大显示屏、可触屏手机的广泛应用，手机阅读的比例呈上升趋势。

目前，大学生手机阅读的内容以休闲娱乐为主。中国互联网络信息中心（2010）调查指出，在手机上网应用中，手机网络新闻使用率排名第二，其后依次是手机搜索、手机网络文学、手机发帖回帖和手机微博。近年来，手机微信的发展势头更加迅猛。

基于手机体积小，便于携带的特点，手机成为大学生随身携带的“书本”，可以随时随地阅读手机内存的阅读内容，或进行在线阅读。目前，大学生主要利用零碎的时间来进行阅读，即手机阅读呈碎片化的阅读模式。有调查显示，大学生手机阅读的时段，排第一的是乘坐公共交通工具时，排第二的是课堂及会议的间隙。

微阅读定制计划

由于手机在大学生中的广泛使用，何明星提出将手机阅读与教育结合起来，教育将成为手机阅读的主题内容，这不无道理。有学者指出，目前手机阅读以娱乐化为主，但要引导学生将手机阅读向手机学习的方向转变。甚至提出手机可以在很多情况下取代教科书，特别是在语言、诗歌、文学、演讲、历史等方面的学习上，有很多优势。

大学生手机阅读要面对海量的阅读信息，其中难免鱼龙混杂、良莠不齐，如果漫无目的地在阅读材料中浏览，不仅无端耗费了宝贵时间的阅读时间，更会因垃圾信息的充斥而被误导，甚至扭曲自己的价值取向。要想提高大学生的阅读效率，不仅需要保证阅读时间与阅读数量，更要确保大学生接触的是优质的阅读内容。学校充分利用优厚的师资和丰富的教学资源，针对大学生的年龄特点、兴趣爱好、专业研究方向等不同因素，先行筛选阅读内容，以必读书目和选读书目的形式，为学生定制阅读计划，可以包括通用的人文类阅读内容，也可针对不同专业学生定制推送适合本专业的阅读内容，以满足不同的、个性化的阅读需求。

受手机显示屏及大学生“碎片化”的阅读时间所限，手机阅读的内容不可能和名著或大部头的学术著作相提并论。何明星指出手机阅读内容的表面形式应是非系统、非线性的结构，每次阅读内容的长度应不超过千字，前一章阅读的内容和下一章的内容之间不需要严谨的逻辑关系，但在整体上应是完整的、有机的结合。“微阅读”正是为了满足大学生的手机阅读特点而提出的。

“微阅读”手机阅读形式可以借鉴盛大文学无线总裁齐小石对手机小说的限定，基于手机阅读的稳定阅读时间为 15 分钟，因此，“微阅读”应具备下列特点：每次阅读量不能太大，字数不能太多，阅读的内容具有现实性，能够吸引大学生的阅读兴趣；阅读内容之间的衔接不需太紧密，但要有一定的连贯性。为了提高阅读的效率，或为了引导学生完成特定的阅读任务，每个阅读单元都可给出导语，或布置思考性、讨论性的任务。

微阅读定制实施保障

在大学生中推广定制的“微阅读”计划，是扩大大学生阅读量，引导健康阅读，提高大学生阅读能力的有益尝试。在高校中，以雄厚的师资为保障，以数字化校园图书馆为依托，以校园网为保障，建立起便捷、高效、实用的“微阅读”网络平台，将大学生的手机阅读与学校教育紧密结合起来。

手机图书馆服务：作为拥有海量信息的高校图书馆，面对的主要服务对象为大学生群体，很有必要顺应大学生手机阅读这一新型阅读潮流，为读者提供手机阅读服务，并将数字图书馆的服务内容扩展到手机平台并提供特色服务。吴志攀教授最早提出了“今天大学图书馆中的几乎所有活动，将来都可通过手机来完成”的设想。但目前只有国家图书馆、上海卢湾区图书馆、东莞图书馆等少数公共图书馆推出了该类服务。高校图书馆亟须转变服务方式，为大学生实现手机阅读提供保障。

定制功能：利用高校校园的网络教学平台，增加大学生阅读的定制功能。目前，许多高校都建立了自己的网络教学平台，学生可以在平台上注册不同的阅读主题，网络平台定期将阅读材料推送到学生的阅读平台或固定的接受邮箱。变被动等待学生下载或登录学习为主动推送阅读内容，对学生的阅读起督促作用，就可避免因学生懒惰或疏忽而不能完成阅读任务。

创立“微阅读”网络平台，建立“阅读社区”和“阅读讨论组”，实现阅读的分享和互动。依托手机网络信息发布的即时性特点，以阅读内容为主题，创建阅读交流平台。读者可以随时发表自己的阅读体验或评论，与别人共享；也可以在“阅读讨论组”中，就某一阅读任务展开师生、生生讨论，以实现阅读的交流、互动和分享。

结语

当今社会风气浮躁，人们很难静心沉浸在纸墨书香中时，顺应社会的变化与阅读习惯的改变，为大学生创设一种便捷的数字化网络阅读平台，已成为改变我国人均阅读量落后状况的大势所趋。高校应以数字化图书馆和校园网络教学平台建设为依托，为学生筛选适合的阅读内容，为不同学生推送不同的阅读内容，形成一种定制的阅读，并对学生的阅读加以引导，使学生养成定期阅读的习惯。

第八章　高职院校学生英语写作能力培养研究

基于大数据的高职学生英语写作过程研究

【导读】高职英语写作教学实践以大数据写作平台“批改网”为依托，以过程写作教学法为指导，研究过程写作对提高高职院校学生英语写作能力的作用。经过近两年的实验研究，发现该教学实验通过训练学生的写作过程，培养了学生独立自主的学习能力，在激励和指导学生反复自我修改作文的过程中，帮助学生提高了英语写作能力。

8.1　研究背景、目的及意义

研究背景

培养学生的英语写作能力是高职院校英语教学的一项重要内容，《高职高专英语课程教学基本要求》要求学生能写“简短的应用文，词句基本正确，无重大语法错误”。但是，经过大学一年到两年的学习，高职院校学生的英语实际写作能力与培养目标之间存在巨大的差距。

传统的英语写作教学大多采用“成果教学法”，教师在写作课上注重讲授文章的篇章结构、语法规则、遣词造句等方面的知识，写作之前给出范文，让学生自行练习和模仿，之后收集学生作文进行批改和点评。学生的写作训练是一个线性的过程，对大多数学生来说，写作一旦完成就是整个过程的结束。后续的任务是教师面临艰巨的作文批改任务。尽管教师耗费大量的时间和精力对作文进行批改，但学生大多不会关注错误的修订，直接的后果就是同样的错误还会在学生的写作中再三出现，学生的写作水平很难提高。

研究目的

为解决这一难题，作者尝试探索一种基于大数据平台“批改网”的“过程教学法”的英语写作教学模式。变“教师为主导”为“学生为中心”的写作模式，注重培养学生独立自主的学习能力，在激励学生反复自我修改的过程中，达到提高学生英语写作能力的目的。

具体来说，此次教学实践拟主要解决下列问题：

学生在写作时经常出现的“无话可说”、有话不会“说”的难题。希望通过系统讲解和有针对性的训练，提高学生的英语表达能力；

提高学生的自学能力。学生通过反复的自我修改作文，甄别、纠正英语表达中常犯的错误。

提高英语写作能力。

研究意义

将基于大数据平台“批改网”（http：//www. pigai. org/）与“过程教学法”（the Process Approach）的英语写作教学理论相结合，在写作课中变“教师为主导”为“学生为中心”，注重培养学生独立自主的学习能力，在激励学生反复自我修改的过程中，提高英语写作能力。

在教学实践中，英语教师从效率极低的繁重的英语作文批改劳动中解放出来，因而有更多的精力来加强对学生的写作能力的训练。同时改变了学生一旦完成作文写作就完全将之抛掷脑后的现象，激励学生认真审视和修改作文中出现的错误。在反复修改过程中，写作能力也在不断提高。

8.2 研究过程

研究对象

本次教学实践的研究对象是高职 2015 级、2016 级非英语专业的 4 个班学生。

使用材料

英语作文“批改网”平台（http：//www. pigai. org/）

《行知英语》，外语教学与研究出版社出版

《高职高专英语应用能力考试 A/B 级试题》，高等教育出版社出版

研究过程：描述研究的具体实施过程

作者所任教的院校没有单独开设英语写作课，英语写作属于综合英语课程的一部分。结合学校的教学要求和教学进度，每两周一次写作课。老师将写作任务布置到批改网上，学生两周完成一篇作文，提交到批改网。每次作文可以无限次修改，老师不设置提交截止日期，但会在固定时间收集作品并集中讲评。

基于批改网的过程写作英语课程教学研究具体实施如下：

将写作批改网引入英语写作教学。根据《高职高专英语教学大纲》要求，结合《行知英语》教材，一个学期布置了 8 篇作文，包括通知、便条、邀请函、感谢信、招聘、求职信、推荐信、投诉信。教师登录批改网，将写作题目、写作内容和写作要求“布置新作文”，系统生成作文号，将作文号告诉学生。

按照过程写作教学法设计教学步骤。过程写作课程的教学步骤可以分为写前、写作、文章修改和定稿四个阶段。各个阶段的教师和学生的活动如下：

表 8-1　过程写作教学法教学步骤

写前阶段	围绕写作主题，集思广益，收集素材
写作阶段	教师引导学生，使用不同句式，进行写作构思和初稿写作
修改阶段	根据作文网和教师所给出的修改意见，反复修改
定稿阶段	在修改的基础上，达到满意阶段，写成并提交定稿

写前阶段：以写作“投诉信”为例，教师将作文“布置”到批改网后，通过课堂教学组织学生就投诉信的格式、内容等以合适的形式（如“头脑风暴”）展开讨论，挖掘和收集学生头脑中已有的知识，同时进行写前策略指导。比如：在投诉信中需要包含的所购商品的信息：商品名称、购买时间、购买地点。将学生以“头脑风暴”形式汇集的信息进行整合，就可以形成不同的商品信息。以此类推，将投诉信四个部分所需要的信息进行汇集整合，就可以为学生提供丰富的写作材料，使学生在写作时有话可“说”。

以投诉信为例，各部分所讨论信息如下：

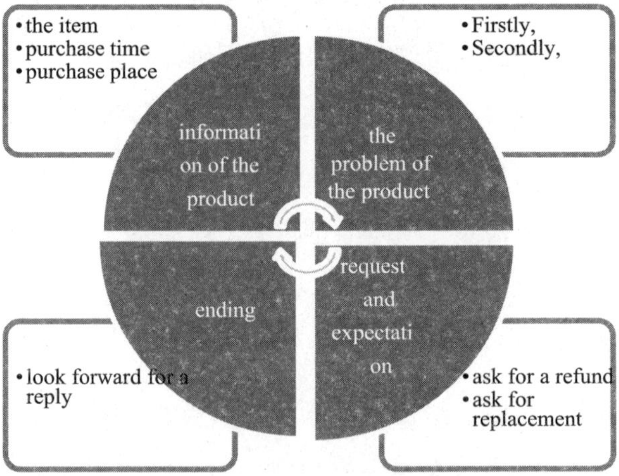

图 8－1　“投诉信”讨论内容

写作阶段：学生经过写前阶段的认真准备和充分构思，教师可以向学生介绍一定的写作方法和技巧，使学生理顺写作思路，采用一定的文章结构和句式结构，进行初稿的写作。

修改阶段：修改阶段是过程写作的一个最重要环节。学生在批改网提交初稿后，系统即可给出评注和分数。学生可以根据系统的提示，修改相应的错误。批改网从192个维度对学生的作文进行衡量，以按句点评的方式，最终从词汇、句子、篇章结构、内容相关四大方面给出修改意见。学生根据系统给出的修改意见进行反复修改。

定稿阶段：在教师的协助和指导下，按照批改网和教师、同伴的反馈，学生反复修改文章。在对自己的作文进行修改、润色、加工后，重写作文。之后，教师和同伴对学生重写的文章做出进一步的反馈，学生将所收到的意见或看法加以汇总，如此反复，直至形成最终的成品。

数据采集：问卷、访谈或其他

为保证调查问卷的信度和效度，作者首先在自己任课的班级中（26人）进行预测，检验其内部一致性。可靠性分析Cronbach's Alpha系数是0.863，KMO数值为0.621，说明信度和效度都符合调查目的。在实验前和实验后，在进行教学实验的班级中开展问卷调查，共发放问卷130份，收回有效问卷111份。后按照调查问卷设计系统对数据进行分析。

定量分析的数据全部来自“批改网”。抽样采集学生每篇作文的修改次数，追踪学生对学生作文修改次数和作文成绩进行相关性分析；利用SPSS19.0对前后测成绩进行成绩差异显著性分析。

数据分析：描述数据分析的方法，例如，数据是如何分析归类的

在研究中，采用定性和定量的研究方法对采集的数据进行分析。定性研究包括调查问卷和访谈，调查和了解实验对象的英语写作状况、在实验前和实验后对使用批改网进行作文修改的态度；定量研究包含两种数据，一是学生每篇作文的修改次数和历次成绩。主要用来分析学生作文的修改次数与成绩变化的相关性；二是学生英语写作的前测和后测成绩。用以对比实验前后英语写作成绩差异的显著性。

《高职院校非英语专业学生英语写作状况调查问卷》主要分为三个部分，第一部分是学生的基本信息。第二部分用于了解英语学习经历、对自身英语写作的评价、学习习惯等。第三部分调查学生对英语写作的认识，其中最后两个问题（No. 24、25）用于了解学生实验前后对于作文批改网及过程写作教学模式的认同度。

《基于“批改网”的过程写作教学的模式反馈表》主要围绕评估过程写作教学模式和“批改网”介入课堂教学后学生对该教学模式实验的整体评价而设计。其中包括写作策略指导、课堂教学方式和在线提交作文模式实验的整体评价。

8.3 研究结果

问卷结果描述

由于学校英语课程设置的限制，学生不能完全参与两年的实验研究，因此参与实验研究和问卷调查的为入学第二学期的大一学生，他们经过了半年多的过程写作训练经历和使用批改网写作经验。从统计数据看，经过半年多的写作训练，学生对写作的认识发生了明显改变。

学生喜欢写作，并增加了写好作文的信心。有 74.87% 的学生开始喜欢用英语写作，这与之前英语写作课令学生头疼的现象有很大的改变。学生增加了对提高英语写作能力的信心。经过两个学期的训练，大多数学生（70.25%）由最初认为作文需要老师来批改，转变为英语写作能力需通过不断练习去提高，而不是由教师来传授（67.57%），认为好作文是自己不断修改出来的（81.08%）。

对过程写作教学模式实际操作给予肯定，认为对写作有帮助。62%的学生认为写前阶段的“头脑风暴活动”对写作有帮助或非常有帮助；74.2%的学生认为“互改方法训练”对提高写作水平帮助较大和帮助很大。

但是，学生对于过程写作教学模式的策略指导认同不足，这可能与教学过程中对策略的理论指导不够，大部分学生只了解具体做法，不能与某一策略步骤或策略名称相对应。在策略类问题中，选择“没有帮助”到“不确定”的，分别为“写前策略指导”占71.3%、“修改策略指导”占59%、“在线策略训练”62.5%。下一步需要加强对学生写作策略的指导。

总体来说，学生认为批改网的评改对提高英语写作有很大帮助，表示赞同的有51.35%，非常赞同的有21.62%，表明学生高度认可批改网对提高写作能力的作用。并且对过程写作教学给予了充分的肯定，72.5%的学生认为对自己的写作“帮助较大”和“帮助很大”。

但是，利用批改网也存在一定的问题，有时网络给出的评价并不是非常客观和准确。有51.35%的学生发现“电脑和网络无法对英语作文提供可靠和有效的评判”。针对这一问题，目前的做法是网络评改与教师人工评改相结合，力争在修改方面给学生以客观的评价和正确的指导。

访谈结果描述

课题组负责人和课题组成员在学期结束时，要求学生对本学期的作文写作情况做回顾和反思。有学生写到“批改网可以让我及时看到作文成绩，并且告诉我哪里有错误，我能够及时改正”。有的学生认为批改网非常方便，“可以有时间好好构思作文”，并且“可以修改很多遍”，直到分数满意了为止。

也有的学生认为批改网的评注可以再详细一些，“不用告诉我这个词在那里使用了，或使用了多少次。我希望能告诉我正确的词汇和语法用法”。这部分学生比较注重利用批改网的修订功能，不太看重网络给出的分数，认为打分有偏差。

作文成绩结果描述

学生作文修改次数和最终成绩的相关性分析

数据统计发现，整体来看，学生作文的平均修改次数和平均成绩呈正相关。

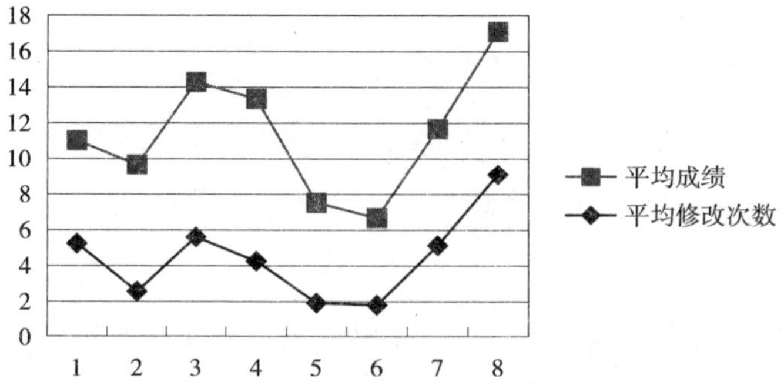

图 8－2　学生作文平均修改次数与平均分数的关系

从个案来看，学生的作文成绩随修改次数的增加呈提高趋势。例如，有学生最终提交前修改了 25 次，成绩由 3 分提高到了 8.5 分

（满分 10 分）。

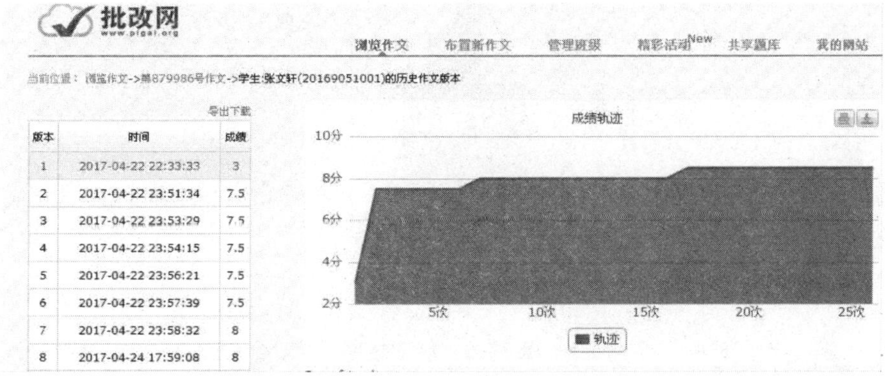

图 8－3　某学生作文修改情况与成绩的历史记录

前后测成绩显著性分析

前测成绩呈正态分布，因此可以使用独立样本 t 检验。

根据 Spss19.0 统计结果，P（Sig.）＞0.05，方差相等，我们选取第一行数据第二个 Sig. 值是 0.03，小于 0.05，说明两个样本的平均数存在显著差异。因此可以得出结论，经过过程写作模式训练，学生的作文成绩有显著提高。

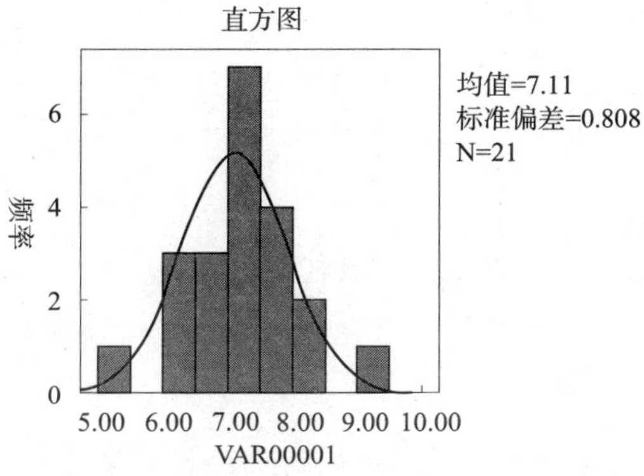

图 8－4　前测成绩

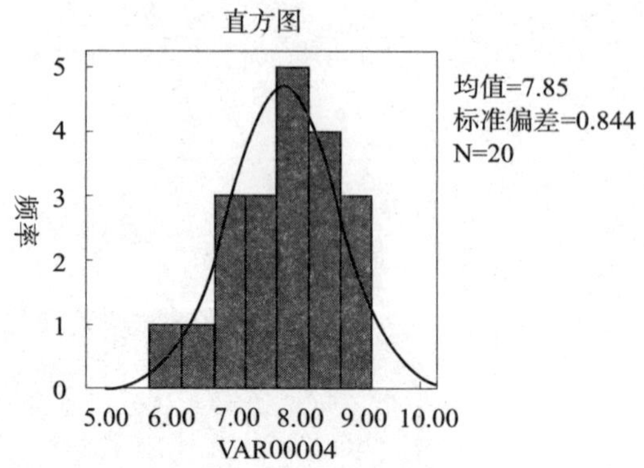

图 8－5　后测成绩

表 8－2　学生前后测成绩的独立样本 *t* 检验

独立样本检验

		方差方程的 Levene 检验		均值方程的 *t* 检验						
		F	Sig.	t	df	Sig.（双侧）	均值差值	标准误差值	差分的 95% 置信区间 下限	差分的 95% 置信区间 上限
VAR00001	假设方差相等	1.654	0.206	－3.127	40	0.003	－0.80714	0.25816	－1.32890	－0.28538
	假设方差不相等			－3.127	39.499	0.003	－0.80714	0.25816	－1.32911	－0.28518

8.4　讨论及建议

根据以上研究结果，我们可以得出结论，基本解决了本课题主要的问题：

高职英语写作课堂老师“教什么”和“如何教”：教师以《高职高专英语教学大纲》为指导，结合教材和高职院校学生英语应用能力测试要求，筛选确定应用文写作题目。基于作文“批改网”平台，建立应用文写作资源库，以过程写作教学理论为指导，训练学生的写作技能。

解决了学生在写作时经常出现的“无话可说”、有话不会“说”的难题。通过系统讲解和针对性的训练，提高了学生的英语表达能力；

提高了学生的自学能力。学生通过反复的自我修改作文，甄别、纠正了英语表达中常犯的错误。

由于时间有限，本次教学实践研究的相关数据收集在两个学期，研究结论还须更多的实验验证。由于教学目标所限，没有单独的英语写作课，英语写作课放在英语综合课中进行，所写作文篇目有限，练习时间有限，学生英语写作能力提高有限，学生的独立自主学习能力和英语写作能力需要更多的时间和练习篇目来提升。

8.5　结束语

过程写作教学法，改变了目前学生由于英语基础差、学习信心不足、学习习惯不好等原因，有的学生不能完成作业，有的学生不知如何修改作文中语病的状况。学生在写作时不再有畏惧情绪，在反复修改中避免错误用法，整中式英语句式有所减少，成绩有所提升。充分调动学生参与写作的积极性；对布置的作文给出范文，提高评改水平；培养学生独立自主的学习能力，提高了学生的英语写作能力。

利用批改网，将教师从繁重的作文批改任务中解放出来，提高了老师批改作文的效率。激发学生学习英语写作的热情，培养学生自主学习的能力，从而最终实现高职英语教学培养学生英语应用能力和独立自学能力的目的。本研究力图为高职英语写作教学提供新的教学方法，也为新语言学理论指导下的培养英语其他方面能力提供新的思路。

附录一

高职院校非英语专业学生英语写作状况调查表

亲爱的同学：

您好，首先感谢您参与我们的英语写作状况调查，本调查的目的是了解大学生的写作现状，以便改进教学方法，提高教学质量。调查的结果仅用于研究，您的信息将会被保密，答案无对错好坏之分。请根据您的实际情况来回答问题，您的准确回答对我们的研究非常重要。谢谢您的支持与合作！

一、基本情况

1. 性别

2. 年级

3. 所学专业

4. 高考英语成绩（如果有写作成绩请写出）

二、英语学习基本情况

5. 你从何时开始学习英语？

① 幼儿园　② 小学　③ 初中　④ 高中　⑤ 大学

6. 你从何时开始学习英语写作？

① 幼儿园　② 小学　③ 初中　④ 高中　⑤ 大学

7. 你觉得自己作文在以下哪个方面最好：

① 思想内容　② 组织结构　③ 语言表达　④ 写作规范（格式、拼写和标点等）　⑤ 无

8. 你觉得自己作文最需要提高的方面是：

① 思想内容　② 组织结构　③ 语言表达　④ 写作规范（格式、拼写和标点等）　⑤ 无

9. 上大学前你的英语成绩在班上属于：

① 优秀　　② 良好　　③ 中等　　④ 一般

10. 进入大学以来，每周学习英语的时间（不包括学校英语课的时间）：

① 不超过 2 小时　② 2 ~ 5 小时　③ 5 ~ 10 小时　④ 10 ~ 20 小时　⑤ 20 小时以上

11. 进入大学以来，除了正规课堂英语学习之外，参加课外英语培训班的学习时间：

① 每周 1 次　② 每周 2 次　③ 每周 3 次　④ 不参加培训班

12. 你有外国笔友吗？

① 有　　　　② 没有

13. 你在课余时间是否参加各种英语考试？

① 是　　　　② 不是

三、写作方式及写作习惯（请在相符合的选项上打“√”）

① = 强烈反对 ② = 反对 ③ = 不清楚 ④赞同 ⑤非常赞同

14. 我喜欢用英语写作。　① ② ③ ④ ⑤

15. 好作文是不断修改出来的。　① ② ③ ④ ⑤

16. 英语写作能力需通过不断练习去提高，而不是由教师来传授。　① ② ③ ④ ⑤

17. 应当由教师对我的英语写作做出评价，而不是我自己或同学来评价。　① ② ③ ④ ⑤

18. 教师是英语教学的主角，学生应该配合教师。

①②③④⑤

19. 英语学习的成败关键在自己。 ①②③④⑤

20. 只要我努力，英语就会学得好。 ①②③④⑤

21. 自己修改作文对提高英语写作帮助不大。 ①②③④⑤

22. 只要掌握英语学习方法，英语就会学得好。 ①②③④⑤

23. 我不喜欢修改自己的作文。 ①②③④⑤

24. 批改网的评改对提高英语写作有很大帮助。 ①②③④⑤

25. 电脑和网络无法对英语作文提供可靠和有效的评判。

①②③④⑤

附录二

基于“批改网”的过程写作教学的模式反馈表

你觉得这两学期新的写作教学模式对你的写作水平的提高是否有帮助？请根据自己的实际在合适的选择项后面打“√”。同时欢迎大家为将来的教学改进继续献计献策，请将自己的具体感受或建议写在“其他”栏目。

①没有帮助；② = 帮助较少；③ = 不定；④ = 帮助较大；⑤ = 帮助很大

选项 教学措施	1	②	③	④	⑤	其他
1. 写前策略指导						
2. 头脑风暴活动						
3. 互改方法训练						
4. 互改要求及标准						
5. 互改激励措施						
6. 修改策略指导						
7. 范文库						
8. 在线策略训练						
9. 在线写作评改系统						
10. 过程写作教学评估模式						

第九章　过程性评价体系对教学效率的促进作用研究

【导读】 普通高等教育的扩招和学生人数的减少，导致职业院校学生生源减少且学生质量不断下滑，职业院校的教学举步维艰，搞好课堂教学始终是广大职业院校教师最为关注和紧迫的主题。转变教学观念，探索新的教学方法，提高教学效率，实施快乐教育成为教师们梦寐以求的目标。实施新的评价体系，在认可学生努力的基础上，肯定成绩，激励进步，提高课堂参与度，使学生变被动学习为主动学习，从而提高教学效率。

随着国家示范性高等职业院校的设立和建设，我国的高等职业教育呈现飞速发展的趋势。但是，普通高等教育和普通高中不断扩大招生规模，导致高等职业院校的生源数量急剧减少且生源质量逐年下降，职业院校中学困生人数急剧上升，职业院校的教学工作越来越艰难。教师普遍反映学生越来越难教，讲课越来越没有激情，课堂教学效率越来越低。与此同时，学生对学习越来越没有兴趣，上课认真听讲的人数越来越少，学习成绩也逐渐下滑。恶性反应在教师和学生之间循环，使教师和学生在教与学中都处于尴尬的境地。

9.1 职业院校学生的学习现状及分析

职业院校学生的学习现状到底呈现怎样的状态？难道职业院校的教学真的走进死胡同了吗？我们来看一组关于北京某职业院校四个专业学生学习状态的调查数据。

图9－1中的统计数据表示不同专业的学生对学习持有不同的态度，造成这种学习状态的原因，也许与各专业的课程设置有关。英语作为公共基础课，在课堂上作者更重视学生的整体学习状态。由图9－2我们看到，在教师和学生普遍认为现在上课是一种痛苦的情况下，认为“学习是件有趣的事”的学生人数占8.2%；“能认真听课，并跟得上”的学生人数占18.6%；这两部分学生（占总人数的26.8%）应该是班里学习能力较强、学习积极性较高的学生（我们称为A类生），他们可以在课堂上和教师很好的形成互动；另外两类学生，反映“有的课程跟不上”（25.7%）和“想好好学，但学习真让我头疼”（26.2%）各占班级总人数的四分之一（我们称为B类生）。也就是说，班级中有一半多的学生，有学习的内在动机，但学习动机在课堂教学中没有被很好地激发出来，学生的内在学习动

机没有转化为外在的学习行为。还有 17. 9% 的学生反映上课“常常犯困，打盹”（我们称为 C 类生），导致学生出现这种学习现状的因素很多，但不排除学生对授课内容和授课方式不感兴趣。假设有适合他们的教学方式，有学生力所能及的学习目标，这部分学生也可能转化为课堂中的可调动因素。

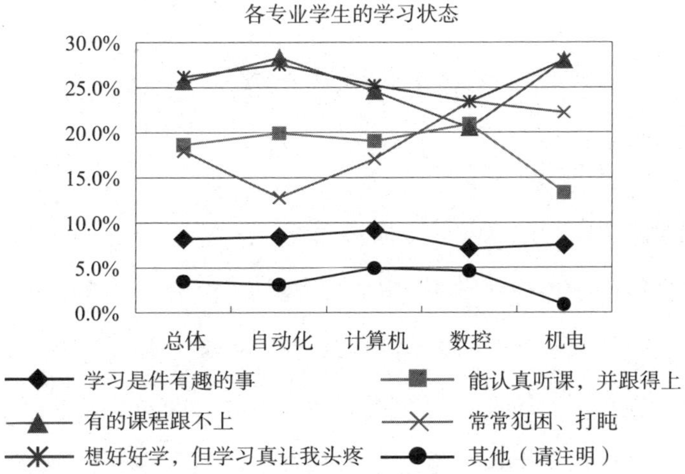

图 9－1

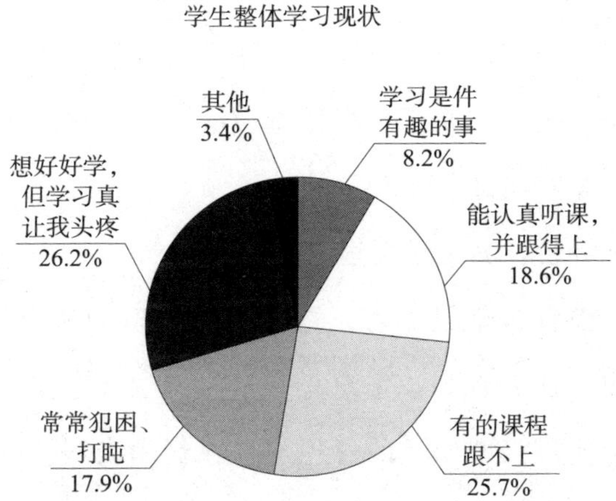

图 9－2

通过分析，我们可以看到，在教师学生普遍反映现在学生厌学，课堂教学难组织的情况下，班级中仍然存在82.1%的积极因素和可调动因素。因此，改善课堂教学的关键是在教师合理地组织课堂教学，调动起学生的学习兴趣，发挥学生的积极因素，引导转化消极因素。

9.2 改革评价方式，提高教学效率

学习质量是影响教学效率关键因素

教学效率是指在课堂规定的教学时间内（单位时间内）所取得的教学效果的大小。其中教学效果（包括数量与质量）是制约教学效率的关键因素，因此，要想提高教学效率，需要做好以下两个方面的工作：增加学生在单位时间内学习的内容（数量）和提高学生在单位时间内学习的质量。目前，学生的学习状态是学习质量较低(25.7%的学生感到有的课程跟不上)，即大约四分之一的学生不能理解和吸收学习内容，因此单纯增加课堂的教学内容只能导致目前的学习状态继续恶化。要想提高课堂教学效率，必须从提高学生在单位时间内的学习质量方面入手。

积极正向评价，激发学生学习的内驱力

学生的主要任务就是学习，这个简单的道理每个学生都明白，都理解。可是为什么有些学生内心有学习愿望，但却又没有学习行动呢？认真分析班级中学生的思想与外在行为表现，可以发现，学生厌学的深层原因是学生在学习过程中没有（或很少）获得和感受

到学习的真正乐趣，从而失去了学习动力。按照行为认知主义的理论，人在做出某一行为后，只有得到正向的刺激，才会产生正面的强化，激发他再次做出这种行为的愿望。学生的学习也是一样。学生在付出学习这种劳动后，非常需要一种正向的刺激来强化他的学习行为。表现在课堂上，就是老师要对学生的行为做出积极的评价，要认可学生的付出，肯定学生的成绩，学生才会在今后以一种积极的态度来对待学习，才会有学习的积极性和主动性。

那么怎样才能获得老师的认可和表扬呢？虽然我们采用了新的教学理念，坚持课堂上多鼓励学生，多肯定学生的优点。但如果总是不切实际的表扬，同样收不到好的效果。因为学生没有真正品尝到学习成功的快乐。因此，在课堂教学过程中，老师为所有学生（尤其是有学习动机，但学习行动不积极的学生）创造成功的机会才是真正调动学生学习兴趣，激发学生学习内驱力的根本。

多元教学目标，提高全体学生的课堂参与度

研究表明，人有不同的学习方式，大致可以分为听觉型、视觉型、动手型和全身参与型。听觉型的学生对新知识的接收是通过听来完成的，在课堂上表现为遵守纪律，认真听讲（前面所提到的18.6%的学生），在英语课堂上属于A类的学生；视觉型的学生则必须通过看到文字或图形，才能理解抽象的知识；动手型的学生需要通过动手写才能记住。这两部分学生在英语课堂上属于B类的学生；而全身参与型的学生就是课堂上最“不安分守己”的那一部分人，在英语课堂上属于C类的学生。

学习方式的多元化，决定了学生在课堂上的表现也是千差万别。作者在教学中发现，有的学生口语不错，短时记忆力很好，可以很快背诵出学过的文章，可是他们做作业时却经常出现拼写等错误；有一部分学生可以把学过的文章整篇默写出来，却不能流利的口头表达。针对这种情况，老师应分析学生的实际水平，与学生通过努力能够达到的目的——也就是不同层次学生的最近发展区，为不同层次的学生设立不同的学习任务，使学生能够在老师的引导下“跳一跳，摘到桃”。

在课堂教学中，作者为学生设定了多种目标，学生可以有选择的完成。比如，在每一堂课中都有分组活动，在每一个小组中，学生可以根据自己的优势进行分工，有的学生担任动手写的任务，擅长口语的学生担任最后的发言。教师根据学生的参与程度和分担任务的多少给予评价。在这种教学形式下，每个学生都可以在课堂上找到适合自己的位置，能够完成一定的任务，并体验到成功的乐趣。学生在参与课堂教学活动中，学习积极性得到极大调动。

过程性评价体系，肯定学生的一切学习行为

评价是英语教学的重要组成部分，评价方式对教与学具有导向和刺激作用，科学的评价体系是实现教学目标的重要保障。英语课程的评价应根据英语课程的目标和要求，对教学全过程和结果有效地实施监控，要对学生所做出的学习努力给予充分的认可与肯定。

每个学生的认知风格、学习方式及阶段性发展水平是有一定差异的，职业院校学生的英语水平和学习特点更是如此。在日常教学中，教师应根据学生的差异性采取多元化的评价方式，设计出不同层次的评价目标，并结合学生特点，从多方面对学生的学习行为做出肯定与认可。多元化的评价可以促使学生充分展示自身的优势，让水平不同的学生都能体验成功，从而调动学生的学习积极性与主动性。

新的评价体系采用了过程性评价与终结性评价相结合的评价方式，以过程性评价为主，终结性评价为辅。过程性评价活动和方式尽量与学生的学习经历和教师的教学方式以及真实的生活相接近。这种评价体系建立在课堂参与度的基础上，从提高课堂参与度入手，以提高教学质量和教学效率为目的。过程性评价的任务是对学生日常学习过程中的表现、所取得的成绩以及所反映出的情感、态度、策略等方面的发展做出评价。其目的是激励学生学习，帮助学生及时而有效地调控自己的学习过程，使学生获得成就感，增强自信心，提高课堂参与度。过程性评价有利于学生从被动接受评价转变为评价的主体和积极参与者。

9.3　过程性评价体系的具体运用

改革后的英语课程评价包括过程性评价和终结性评价。其中，过程性评价比重为80%，终结性评价比重为20%。具体评价内容如下表所示。

各项评价细则

➢ 课堂态度：满分5分，老师记录学生上课违纪情况（包括睡觉、玩手机等），每次扣一分（扣完为止，不给负分）。

➢ 回答问题（包括课堂上对本课内容的读书和背诵）：满分5分。教师根据学生在课堂上回答问题表现当堂打分，期末取平均值。评分原则：主动举手，回答很好（答对问题，读或背书没有错误，语音语调基本正确）5分；被点名回答正确：4分；主动举手，经老师提示能答对：3分；被点名经老师提示后答对：2分；主动举手没回答对：1分；被点名后没答对或拒不回答：0分。

表9－1　评价内容结构

<table>
<tr><td colspan="9">过程性评价
（80%）</td><td>终结性评价
（20%）</td><td>总分
100分</td></tr>
<tr><td colspan="7">即时性评价
50</td><td>阶段性
评价
20</td><td>发展性评价
10</td><td>百分制
综合试卷</td><td>平时成绩＋
期末试卷
成绩</td></tr>
<tr><td>回答问题
5</td><td>单词听写
10</td><td>笔记
5</td><td>课堂态度
5</td><td>背诵
10</td><td>作业次数
5</td><td>课堂作业
10</td><td>章节
测验</td><td>针对每个学生在原有基础上的进步程度进行评价和打分。具体内容为：上课态度有明显进步，作业质量明显提高，章节测验成绩提高</td><td>分层次
试卷
系数设置：
A班：0.8
B班：1
C班：1.2</td><td>平时成绩＋
分层次试卷
系数成绩</td></tr>
</table>

➢ 单词听写：满分10分。每学完一阶段后，老师检查学生对该阶段单词及词组的掌握情况，每次以满分10分计分，期末取平均值。

➢ 笔记：满分5分。老师不定期检查，每月至少一次，进行评分，期末取平均值。

➢ 背诵：满分10分（包括每单元要求背诵的对话和句子）。每次背诵任务以10分计算，期末取平均值。评分原则：背诵没有错误，语音语调基本正确：9～10分；能背下来，但有三处以下错误：6～8分；经老师提示能背出：3～5分；经老师提示后仍背不出：1～2分；不背：0分。若要求背诵的内容只能读出的，在原来背诵得分档次上降低 2 分。

➢ 作业次数：满分 5 分。老师每次收作业都做记录，不交或晚交扣一分，直到 5 分扣完为止（不给负分）。

➢ 课堂作业：满分 10 分。每次作业独立计分，期末取平均值。当堂做作业当堂收，根据作业质量可以是 0～10 分不等。

➢ 章节测验：满分 20 分。每次章节测验全年级统一进行，以总分 20 分记，期末取平均值。

➢ 发展性评价：满分 10 分。针对每个学生在原有基础上的进步程度进行评价和打分。具体如下，上课态度有明显进步，作业质量明显提高，章节测验成绩提高 5 分以上，根据学生在学习态度，作业质量，章节测验等方面的表现，每项每次记录为 1～2 分，期末累计分为该项得分。

➢ 期末试卷：满分 20 分。

9.4　结果分析

经过两个学期的实验，老师们普遍感到，应用新的评价体系后，课堂气氛明显活跃，睡觉、玩手机的学生少了，积极回答问题和发言的学生多了。学生对自己的学习和成绩不再持无所谓的态度。相反，学生非常关注自己在课堂上的表现，甚至要求老师给予自己在课堂上更多发言的机会。

以下以我校机电专业 2016 级 A、B、C 三个分层班（分别对应前文 A、B、C 三类学生）一个学期的过程性评价为例，分析实施新的评价体系后，学生课堂学习状态和教学效率的变化关系，因此仅对 A、B、C 三个分层班的过程性评价做出分析。

1）过程性评价单项人次对比表

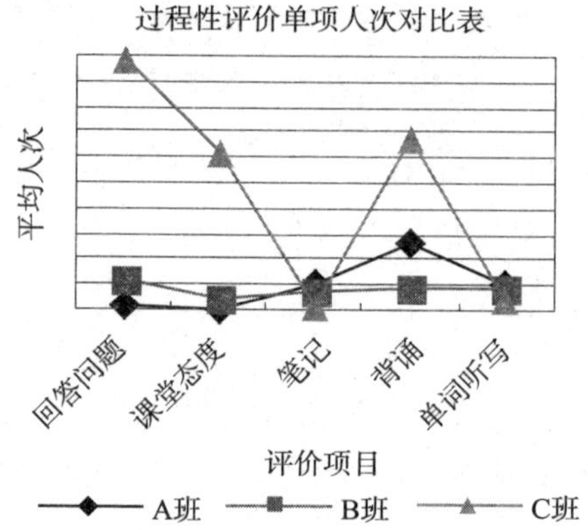

图 9－3

2）过程性评价单项成绩对比表

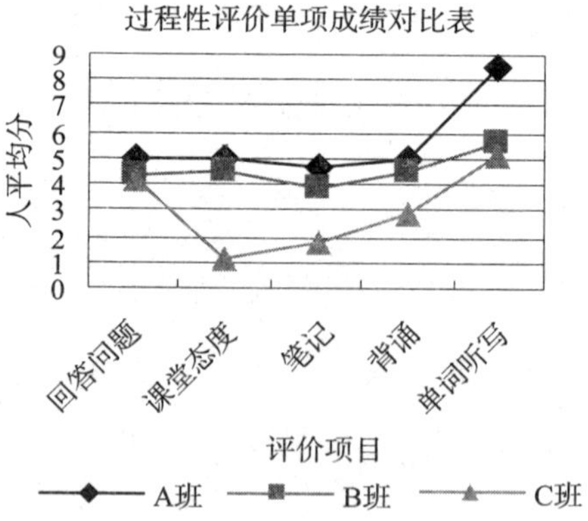

图 9－4

我们从学生课堂任务参与度和学习质量两方面来分析上图：

A 班是由成绩、纪律和学习能力都较好的学生组成的，过程性评价对该部分学生影响较小。在上图“单项评价人次表”中，A 班学生违纪人数为 0，表示课堂纪律最好；做笔记的人数为 100%，表示每人都有笔记，笔记得分为 5 分（满分为 5 分），表示学生的笔记做得全面认真。每次交作业的平均人次为 1，表示每次作业都能全交。在单项评价成绩中，A 班的各项成绩都高于 B、C 两班学生对应项的平均得分，这说明虽然 A 班学生回答问题和背诵的次数较少，但 A 班学生回答问题和背诵的质量很高。从单词听写的得分来看，在满分为 10 分的情况下，学生平均得分为 8.5 分，说明学生在没有老师监督时，也可以很好地完成老师的要求。由此我们可以得出结论，A 班学生的学习能力较好，在课堂上能很好地与老师形成互动，能够很好地吸收课堂上的知识，完成老师布置的任务（分别表现在回答问题，笔记和课堂纪律，作业的完成情况等方面）。A 班学生不需要老师在课堂上以提问的方式来控制学习进程，能自觉地掌握学习进程，自我控制能力很好，能够很好地在课堂上完成老师布置的任务。

B 班学生的学习成绩一般，基本能遵守课堂纪律，但学习能力相对较差。过程性评价可以调动该部分学生的课堂参与度，从而提高学习质量。B 班学生在各项评价比较中都处于中间位置，在上课时虽有违纪现象，但人次还不是很多，全班每 10 次中有 1.2 人次违纪。从课堂笔记的人次和得分上看，全班有 82% 的人能够记笔记，满分为 5 分的笔记成绩学生平均得分为 3.8 分，说明 B 班学生基本能够把课上的重点内容记下来。B 班学生课堂回答问题的人次为每 10 次中有 1.2 人次回答问题，表明学生回答问题的积极性不是很高，但回答问题的正确率较高，表现为满分为 5 分，人平均得分为 4.4 分。从单词听写的得分来看，满分为 10 分时学生平均得分为 5.7 分，表明学生基本可以完成老师的要求，有一定的学习自主性。因此，对 B 班学生的数据分析可以得到这样的结论，B 班学生有学习的愿望，有一定的学习能力和学习自觉性，老师在课堂上采用正确的教学方法，可以完全地调动起 B 班学生的学习兴趣，使学生很好地与老师形成互动，较好地完成课堂教学任务。

C 班学生的学习成绩较差，不遵守课堂纪律，没有学习动力，并且学习能力较差。在过程性评价中，该部分学生成绩提高最大，是最大的受益者。C 班学生的英语基础特别薄弱，并且缺乏应有的学习兴趣。我们可以从上面两个图表中看到，C 班学生的各项评价项目成绩很不均衡，有的项目成绩非常好，有的项目则非常低。C 班学生的课堂纪律很差，表现在课堂违纪一项中，每 10 次中有 6.2 人次违纪；C 班学生没有良好的学习习惯，只有 4% 的人有课堂笔记。C 班学生学习能力比较低，从“单项人次评价表”上，我们可以看到，代表 C 班学生的折线有两个峰值，一个是课堂回答问题得分最高，总数为 10 次的课堂回答问题一项平均人次竟能达到 9.8 人次，远远高于 A、B 两班的 0.13 和 1.2；另一个峰值是学生的背诵得分纪录，总数为 10 次中有 6.8 人次背诵，背诵的人次也居三个班之首。C 班可以说是过程性评价的最大受益者。他们以前在课堂上不能自我控制学习状态，不能完成老师的要求。实施新的评价体系后，C 班学生在整个学习过程中的学习态度和学习行动都可以作为期末成绩的一个组成部分，因此，C 班学生的学习内驱力得到了外在刺激（积分）的激发，转变为外在的学习行动，具体表现就是在课堂回答问题的人次和背诵的人次两项中远远高于 A、B 两个班级。C 班学生在老师严格调控下，在一次次的背诵和回答问题中，不知不觉地完成了老师在课堂上布置的教学内容。

9.5　过程性评价方式对教学的启示

上述数据统计和分析表明，在实施了新的过程性评价体系后，特别是全面肯定学生学习行为的方式，在一定程度上扭转了目前教学过程中教与学遇到的困难局面。新的评价体系可以针对不同层次的学生，充分激发学生的能动性，积极调动课堂教学的气氛，从而达到提高教学质量和教学效率的目的。

对 A 班学生来说，过程性评价方式的优势不太明显。这是因为 A 班学生本来就具有很好的学习自觉性和主动性，老师在课堂教学中只需为学生设定具体的学习目标，在学习方式方面加以引导，学生就可以很自觉地完成老师的要求，因而能达到预定的教学质量和教学目标。针对 A 班的情况，提高课堂教学效率的正确方法是老师为学生设定较高的学习目标。对 B 班学生来说，过程性评价在一定程度上使学生体验到了成功的喜悦，增加了学生的成就感和学习自信心，将学生想学习的愿望激发为现实的学习行为，使学生在课堂上能较好地完成老师设定的教学目标，进一步提高了课堂教学的质量。C 班学生是过程性评价方式的最大受益者，新的评价体系的实施调动了学生的积极性，活跃了课堂气氛，使学生的注意力始终集中在教学目标之上，而学生可以根据自身的优势融入班集体中，发挥出各自才能，提高课堂参与度，真正做到因材施教，区别对待。新的评价体系可以提高学生的成就感和自信心，有利于教学目标的实施。

新的教学评价体系肯定还有不完善和不合理之处。由于新的评价体系实施和应用的时间尚短，积累的数据也不够充分，但实践表明，新的评价体系作用是积极的，效果很明显，可以有效地提高教学质量和教学效率。新评价体系对职业院校而言具有一定的借鉴意义，其不足之处还有待于在今后的教学实践过程中进一步科学化、规范化和具体细化。

第十章　高职高专英语教材编写与出版问题研究

【导读】随着我国高等职业教育的发展，行业英语的概念提出后，行业英语教材的出版经历了最初的借鉴本科院校的英语教材，到今天各大出版社、各高校出版社争相出版，行业英语教材呈现出百花齐放的繁荣景象。通过分析高职高专英语教材的发展，梳理出行业英语教材发展脉络和编写理念，指出教材编写中存在的问题，以期更好地推动高等职业教育中英语课程的教学改革。

行业英语的概念是教育部在2009年修订的《高等职业教育英语课程教学要求（试行稿）》（以下简称2009年《课程要求》）中首次提出的："高职英语教学分为两个阶段，即基础英语阶段与行业英语阶段。"《课程要求》指出，行业英语是基础英语的延伸，注重培养学生实际应用语言的技能，特别是用英语处理与未来职业相关的业务能力，培养学生在职场环境下运用英语的基本能力，特别是听说能力。行业英语与高职高专英语、职业英语是不同时期对高等职业教育中英语课程的不同称呼，在本质上，它们是一脉相承的。

近年来，随着我国高等职业教育的发展，行业英语教材（包括高职高专英语教材和职业英语教材，下同）在各大出版社、高校出版社争相出版，因而行业英语教材呈现出百花齐放的繁荣景象。纵观高职高专英语教材的发展，梳理出行业英语教材发展脉络和编写理念，从而分析教材编写中存在的问题，以期更好地推动高等职业教育中英语课程的教学改革。

10.1　行业英语教材的发展

高职高专英语教材的发展与高职院校英语课程的改革息息相关，而高职高专英语课程改革又以教育部颁发的关于高等职业教育中英语课程教学的几个指导性文件为契机，呈现出阶段式的跳跃发展。因此，以教育部的指导性文件为分界点，行业英语教材的发展可以分为五个阶段：

第一阶段：1978—1993 年，高职高专英语教材的萌芽阶段。1978 年，天津、无锡等中心城市开始试办为地方服务的高等职业技术学校，标志着我国高等职业教育开始起步。高职高专和职业大学的英语教学没有指导大纲、没有统一教材、也没有统一考试。高职高专院校普遍采用本科院校的英语教材，比如，复旦大学编写的《英语》（高等学校文科教材非英语专业用）；上海交大编写的《英语》（理工科用）；董亚芬主编的《大学英语》（非英语专业本科教材）等。前两种教材虽有文、理之分，但这几种教材都旨在帮助大学本科各专业学生进一步打下扎实的语言基础，教材的选材题材广泛，体裁多样，语言规范，有利于打好语言基础。虽有的教材为培养学生读、说、听、写、译多方面技能做了大胆的尝试，但总的来说，整个教材还是以语法为纲，以讲授英语的语言知识为主要内容。

第二阶段：1993—2000 年，高职高专教材的起步阶段。1993 年，教育部颁布了《普通高等专科英语课程教学基本要求》（以下简称 1993 年《基本要求》），开始了全国范围的高等专科院校英语教学改革。1995 年高等教育出版社出版发行了《实用英语》系列教材（此后进行了四次修订），该教材是“教育部规划的高职高专公共英语教材”。它以 1993 年《基本要求》为依据，旨在“培养学生掌握必需的、实用的英语语言知识和技能，具有阅读和翻译与本专业有关的英文资料的初步能力，并为进一步提高英语应用能力打下一定的基础”。在教材的编写过程中，结合国内外现代外语教学理论和方法，力求“正确处理好语言基础和语言应用的关系，突出加强英语实践能力的培养和实际运用”。该套教材分为《综合教程》《泛读教程》和《实用业务英语》，前两种教材是后一种的基础，《实用业务英语》重在训练学生的实用文体的阅读和翻译、实用英语口语和实用文体写作方面的技能和能力。在这一阶段，高职高专英语教材开始从单纯的以语言知识为主向语言运用转变，初步体现了职业院校英语学习要以“实用”为目的的理念。

第三阶段：2000—2009 年，立体化高职高专英语教材阶段。1998 年，教育部的高等教育司设置了高职高专处，高等职业教育得到了跨越式的迅猛发展。2000 年教育部颁布了《高职高专英语课程教学基本要求（试行）》（以下简称 2000 年《基本要求》），从 2000 年开始，“高等学校英语应用能力考试”正式开考。在上述三个条件的作用下，涌现出一批高职高专英语教材，代表性的教材有高等教育出版社的《新编实用英语》（《实训手册》）、上海外语教育出版社的《新世纪高职高专英语》、外语教学与研究出版社的《新起点大学基础英语》《新视野英语教程——高职高专版》等。这一阶段的教材以 2000 年的《基本要求》为编写依据，以“培养学生实际运用语言的能力为目标”，“听、说、读、写、译并重”，“突出教学内容的实用性和针对性”，“注重听说技能训练、注重对实用文体阅读能力的培养，将应用语言基本功的能力与实际涉外交际相结合”。这一阶段英语教材的变化不仅仅体现在选材内容向实用化方向转化，更重要的是纸质教材向立体化教材的转化。每个系列的教材，均配有录音磁带或光盘、多媒体电子课件和电子教案，有的还配有试题库可供选用。

第四阶段：2010—2015 年，行业英语教材繁荣阶段。2009 年教育部着手修订、颁发了《高等职业教育英语课程教学要求》（试行稿），第一次明确提出了行业英语的概念，指出高职英语教学分为两个阶段：基础英语阶段和行业英语阶段。行业英语“不仅要帮助学生打好语言基础，更要注重培养学生实际应用语言的技能，特别是用英语处理与未来职业相关业务的能力”。同时期的《国家中长期教育改革和发展规划纲要（2010—2020 年）》也提出，“实行工学结合、校企合作、顶岗实习的人才培养模式”。以此为契机，行业英语教材呈现出一片繁荣景象。如外语教育与研究出版社的《新职业英语·行业篇》系列教材、北京语言大学出版社的《新航标职业英语》系列教材、上海外语教育出版社的《新理念职业英语》系列教材、中国人民大学出版社《新实用英语》系列（21 世纪高职高专精品教材·英语系列；“十二五”职业教育国家规划教材）。这些教材在编写的过程中，以“工学结合、能力为本”的职业教育理念为指导，以培养学生在将来工作中所需要的英语应用能力为目标，在帮助学生打好语言基础的同时，重点提高听、说、写的应用能力，特别是工作过程中的英语交际能力，真正体现高职公共英语教学的职业性、实践性和实用性。

第五阶段：2016 年之后，行业英语教材的展望。2015 年，国家提出 2015—2018“高等职业教育创新发展行动计划”，对高等职业教育设定了新的目标。该“行动发展计划”对行业英语教学的影响，主要集中在三个方面：（1）要注重培养学生的国际视野，使学生通晓国际规则，将国际先进工艺流程、产品标准、服务标准、管理方法等引入教学内容；（2）学习和引进国际先进成熟的教材体系和数字化教育资源，与国外高水平院校联合开发课程；（3）顺应“互联网 +”的发展趋势，构建国家、省、学校三级数字教育资源共建共享体系，应用信息技术改造传统教学，促进泛在、移动、个性化学习方式的形成。按照课程改革先行、教材改革跟进规律，可以预见未来行业英语教材的发展，会以数字化平台为依托，结合专业或院校优势，进行资源整合，打造更高水平、适应不同专业需求或地域、行业发展需求的数字化、立体英语教材；在内容选材上，会继续培养学生在工作过程中的英语应用能力，提供更多的行业英语实训，同时，会以英语为媒介，学习国际先进工艺流程、产品标准、服务标准、管理方法，培养能适应海外生产与经营管理的国际化人才。

10.2　行业英语代表教材分析

通过梳理行业英语教材的几个发展阶段，我们可以清晰地看到，行业英语教材的编写理念紧紧围绕不同时期教育部颁发的纲领性指导文件的精神。因为第一阶段高等职业院校普遍采用了普通本科院校的英语教材，没有真正意义上的高职高专教材，所以第一阶段的英语教材暂时不在行业英语教材的分析之列。而第五阶段还没有实际的教材产生，也没有分析的可能。行业英语代表性教材以第二、三、四阶段的典型教材为例，试就该阶段行业英语教材编写时的指导性文件中的编写理念和特色、单元主题、教材框架进行分析，进行深入的分析与比较，找出不同时期行业英语教材的优缺点，为新时期的行业英语教材编写提供借鉴。

表 10－1　行业英语代表教材分析

	第二阶段	第三阶段	第四阶段
教材举例	《实用英语》	《新起点大学基础英语》	《新职业英语・行业篇》（以艺术设计英语为例）
编写理念和特色	突出内容的实用性、教学的针对性和编写教材的科学性	听、说、读、写完备的教材体系；各系列教材话题融通，将基础知识学习、实用技能训练和文化背景介绍有机地结合；立体的教学支持	将语言学习和职业技能培养有机融合，教学内容与教学过程体现职业性与应用性，提高英语交际能力与综合职业素质

续表

	第二阶段	第三阶段	第四阶段
单元主题	学习方法、美国音乐、国际贸易、社会调查、风俗习惯、社区服务、广告与新闻、大脑与记忆	语言学习、收藏、情感交流、影视人物、体育运动、餐饮文化、自然科学、科技发展、金融税收	设计接洽、设计准备、设计创意、设计表达、设计实施、设计评估、设计管理和设计人生
教材框架	1. 每册书十个单元，每单元由两篇阅读、综合练习和听说训练构成 2. 通过读前问题，引入阅读文章；阅读部分有阅读理解练习、词汇结构练习、阅读技能实践；综合练习部分包括写作和翻译实践；听说训练部分由辨音、会话、听力理解和听力训练组成	1. 每册书十个单元，每单元由三部分组成：两篇主题相同的阅读文章；词汇短语讲解；写作训练 2. 通过提问，引入阅读文章；课文主旨大意练习、课文词汇练习；词汇学习（词性、词义、搭配及派生词）及练习；语法练习；应用文写作	1. 每本书八个单元，每个单元涵盖一个典型的工作任务，八个单元组成艺术设计行业的典型工作过程 2. 每单元由课内环节和课外环节组成。课内环节由单元目标、导入、两篇阅读、听力、说、写作、项目、自我评价九部分组成；课外环节由生词与短语、词汇与结构、语法、语音练习
写作训练类型	写作部分的主题有：缩略语使用、信封书信格式、明信片、贺卡、便条、通知、告示、请假条、请帖	写作部分的主题有：书信；日记；公告；电话留言；出游计划；留言；个人简介；邀请信；产品简介；小故事	写作部分的主题有：邮件、协议、总结、创意简报、会议记录、设计审批表、传真、操作说明、问询信、顾客反馈单、备忘录、评估表、通知、阶段检查表、求职信、简历

分析行业英语教材发展三个阶段典型教材，可以看出：1. 行业英语教材的编写、内容选材由侧重语言性向突出职场环境转化。如第二阶段的《实用英语》，虽然强调内容的实用性，但 10 个单元的

选材几乎没有与学生未来工作相关的主题。而第四阶段的教材，每一单元都是一个典型的工作场景。2. 从教材框架结构来看，行业英语教材在训练环节由语言训练向技能训练转移。三种教材写作部分的训练更能体现这一特点。

但是，行业英语教材在编写中没能摆脱传统大学英语教材讲授英语语言知识为主的束缚。在练习环节，都不可避免地设计了词汇、语法练习。2009 年《课程标准》明确指出，行业英语是基础英语的延伸学习，在教材的编写上应避免与基础英语阶段的重复，在教材篇章和教学课时都有限的情况下，更应集中对学生应用技能进行训练。随着行业分工的细化，高职院校专业设置也更加具体。但是行业英语教材专业分工不够细，没能照顾到不同需求的学生。如《新职业英语 · 行业篇》系列教材，也只能涵盖十二个不同的专业方向，相对高等职业院校众多的专业来说，还只是一小部分。

10.3 新时期行业英语教材的构想

为适应新时期对高等职业教育中英语教学的需求，新的行业英语教材在编写理念、选材标准、教材形式方面，应突出以下特点：

基于需求分析的行业英语教材的定位

Cunningsworth（1995：15）提出“教材应适应学习者的需求”，“应反映学习者目前和将来要使用的语言，能帮助学生学会有效地使用他们所需要的语言”等原则。新时期学生学习英语的目的，是通晓国际规则，了解国际先进工艺流程、产品标准、服务标准、管理方法，具有国际视野，能胜任在跨国企业或海外企业工作。因此，英语是学生学习行业知识的媒介和工具，行业英语教学就是为了满足学生在国际化、多元文化环境下的工作能力。

CBI（content - based instruction）教学理念的行业英语选材标准

最主要的是教材中要有使用者学科领域的内容，有训练学生用英语为自己的专业学习和今后相关工作做好语言技能准备的练习。行业英语在内容选材上要以传授信息为主要目的，而不是以传授语言知识。因此教材编排、选材、练习的环节都以训练学生的信息接收、吸收、转化、输出为目的。

基于数字化平台的行业英语教材资源共享

随着数字化出版的普及，传统的纸质教材有的与数字教材共存，有的被数字教材取代。新时期的行业英语教材，可以整合高职院校教师、行业（专业）专家等优质资源，打造数字化的行业精品教材。基于数字化平台的行业英语教材不再是“一本书”，而是“活页”式的，教师可以根据学生的需求进行整合。同时，数字化行业英语教材可以实现教师、学生、教材的交互，更好地开展英语听说项目的实训。

第十一章　高职英语教师专业发展、科研现状调查与思考

【**导读**】通过对20所国家示范性高等职业院校近六年来英语教师的科研成果和该学院全部科研成果进行分析、对比，结合英语教师在学院全部专任教师中所占的比例，发现英语教师的专业发展速度低于高职学院的整体发展速度。对部分国家示范高职院校的英语教师做了调查问卷，从政策性外部因素，知识性外部因素以及教师的主观内因方面，分析造成英语教师专业发展落后的原因。提出了高职院校应加大对英语教师专业发展的政策性支持力度，建立和完善教师教育与进修体系，同时，英语教师应建立“自助式”的教师研修体系，成立教师学习实践共同体，立足校本教研，开拓自我发展之路。

11.1 问题的提出

教育的发展靠教师。随着高校英语教学改革的深入，英语教师在教学相长的同时，自身专业也得到了长足发展，有关英语教师专业发展的研究成果大量涌现。自1999年到2009年，9种外语类核心期刊刊登了127篇关于大学外（英）语教师专业发展的文章（文秋芳，任庆梅，2010：78），《外语界》《中国外语》等英语刊物开辟外语教师教育与发展的专栏，吴一安探究了我国高校优秀英语教师专业发展的规律性特点、阶段性特征和优秀教师专业发展的成因（吴一安，2008：29）。这些研究都是将高等本科院校外语教师作为研究的主体，并且研究者注意到，大部分高等院校的外语学科在本校的学科体系中处在弱势甚至边缘化的地位，部分从事外语教学与研究的教师处境尴尬，不利于外语教学与研究的提高（戴炜栋，吴菲，2010：170）。

在所有针对英语教师专业发展所做的研究中，很少涉及高等教育的一个边缘群体——高等职业教育中英语教师的专业发展问题。在高职院校中更多的是关注专业学科的发展。英语作为基础学科，在教学和科研方面都处于极度边缘化的地位。高职院校的英语教师专业发展情况又是怎样的？在职业教育快速发展的环境中，英语教师是否与职业教育的发展速度保持一致？高职英语教师在专业发展方面有哪些需求？这些问题都有待探究。作者通过调查高职院校英语教师的专业发展现状和英语教师的专业发展需求，分析其原因并提出解决办法，以期为高等职业院校的英语教师队伍建设和英语教师专业发展提供借鉴。

11.2 研究思路与研究方法

11.2.1 研究对象

为使研究结果具有普遍指导意义，提高研究结果的信度，首先保证研究对象的代表性。选取的研究对象全部为国家示范性高等职业院校的英语教师。所选取的高等职业院校为10所首批国家示范性高等职业院校，10所第二批示范院校。在选取高等职业院校时，同时考虑照顾到地区发展的不平衡性，选取的院校分散在经济发展程度不同的地区，较能代表全国不同地区的综合水平。这些职业院校的英语教师也能代表高等职业院校教师发展的最新发展水平。

11.2.2 研究内容

研究主要从两个方面进行：一是对高职院校的英语教师在涉及其专业发展地位的各个领域进行问卷调查，主要包括教师构成、影响教师专业发展的政策性外因、知识性外因、影响教师专业发展的主观内因；二是从教师的教学科研成果方面进行研究。因为教学既是一种实践活动，又是一种学术活动，教师的专业发展应与自己的教学紧密结合。成功的教学是教师富于想象、灵活机敏和严密逻辑思维结合的结果。同时，教师需时时反思自己的教学活动，不断总结和改进，从而提高自己的教学效果，实现教学相长。教师对自己教学活动的反思、总结，最好的体现方式是教研成果。因此，科研成果是衡量英语教师专业发展的重要标准。

11.2.3　研究方法与数据来源

研究方法以量化分析为主，质性描述为辅。调查工具为问卷和中国知网上期刊全文数据库的检索软件。

调查问卷的设计参考夏纪梅“大学英语教师的外语教育观念、知识、能力、科研现状与进修情况调查结果报告”调查问卷中有关英语教师“教学与研究能力”和“教师进修、培训、深造、研修情况”的部分内容（夏纪梅，2002，35）。问卷由五部分构成，共22个问题，全部为封闭式问题。内容涉及：一、教师的基本情况：年龄、学历；二、影响教师专业发展的政策性外部因素：教师承担的工作量和近三年参加培训、进修、研讨会的次数；三、影响教师专业发展的知识性外部因素：掌握的教学科研方法、会使用的科研工具种类、常用的文献检索方法和文献来源、了解的科研信息；四、教师的主观内因；有无积极主动阅读文献进行科研探索的习惯、有无积累教学中数据的习惯；五、科研成果：近三年申报及成功的课题、撰写及公开发表的论文、编著及出版的教材、专著。考虑到方便性因素，这一部分仅对北京市两所国家示范高等职业院校的英语教师做了问卷调查。

在中国知网上分别对所选的20所高等职业院校2006年至2011年间公开发表论文的情况进行了调查。将科研成果的统计起始时间设定为2006年，是因为在2006年，教育部、财政部确定了28所院校为“国家示范性高等职业院校建设计划”中的建设院校，2007年又确定了第二批共42所国家示范性高等职业院校建设单位。从那时起，我国的高等职业院校才有了重点发展院校，高等职业教育的发展才有了长足进步。在中国知网的期刊全文数据库检索时使用了“高级检索”选项，检索时间设定为“2006年1月1日至2011年12月31日”，在“作者单位”一栏输入要检索的学院名称，首先检索出该学院总的论文数量，其次再将内容检索条件项设定为“主题”，再次将检索主题改变为“英语”，最后检索出所有“英语”为主题的论文。（在检索时发现，在检索项中“主题”“篇名”“关键词”“摘要”“全文”“参考文献”和“中图分类号”中，“主题”为“英语”的检出数最高，故本研究以此项作为采集数据的根据。）有的高等职业院校开设有外语专业，在检索时没有将外语专业英语教师的科研成果和大学英语教师的科研成果区分开来，故在统计各院校英语教师人数时，也将专业英语教师的人数一并统计进该校英语教师的总人数中。

在统计各高等职业院校的教师人数时，数据来源主要是各院校网站上最新公布的学院专职教师人数和大学英语部（部分院校包括英语专业）的英语教师人数。

11.3　结果讨论与分析

11.3.1　抽样调查中国知网上收录的高职英语教师论文发表的情况及分析

根据上述数据收集方法，收集了首批和第二批各10所国家示范高等职业院校，2006年至2011年共六年间的全部学科科研成果和英语类科研成果，并将高职英语类科研成果在全部学科科研成果中所占的比例，以百分比的形式表示出来。（见表11－1和表11－2）

表11－1　2006年至2011年10所首批国家示范高职院校全部科研成果和英语类科研成果对比

序号	高职院校	所有高职类文章	高职且英语类文章	所占百分比（%）
1	深圳职业技术学院	4 759	155	3.26
2	邢台职业技术学院	2 199	90	4.09
3	宁波职业技术学院	1 064	83	7.80
4	天津职业大学	1 251	76	6.08
5	南京工业职业技术学院	2 198	79	3.59
6	南宁职业技术学院	1 011	55	5.44
7	青岛职业技术学院	731	25	3.42
8	重庆工业职业技术学院	603	17	2.82
9	浙江金融职业学院	1 649	84	5.09
10	上海医药高等专科学校	208	3	1.44
	总计	15 673	667	4.25

表 11－2　2006 年至 2011 年 10 所第二批国家示范高职院校全部科研成果和英语类科研成果对比

序号	高职院校	所有高职类文章	高职且英语类文章	（所占百分比%）
1	北京电子科技职业学院	983	48	4.88
2	北京工业职业技术学院	1 155	55	4.76
3	长春职业技术学院	839	60	7.15
4	石家庄铁路职业技术学院	938	53	5.65
5	上海工艺美术职业学院	141	5	3.55
6	江苏农林职业技术学院	1 203	12	0.99
7	柳州职业技术学院	1 647	38	2.31
8	贵州交通职业技术学院	151	5	3.31
9	西安航空职业技术学院	1 069	25	2.34
10	青海畜牧兽医职业技术学院	244	2	0.82
	总计	8 370	303	3.62

根据表 11－1 和表 11－2 统计的结果，可以从中发现以下三个方面的问题。

1）第一批国家示范高职院校的科研成果多于第二批示范院校。在 2006 年至 2011 年间，首批示范高职共发表文章 15 673 篇，是第二批示范高职 8 370 篇的 1.87 倍；而首批示范高职发表的英语类文章 667 篇，是第二批示范高职发表的英语类文章 303 篇的 2.2 倍。这个结果最可能的原因为，前 10 所学校自 2006 年开始作为国家示范高等职业院校建设单位后，在国家政策的支持下，学院比较重视教师的专业发展，给予了更多的发展机会（如进修、培训等）。在这种环境下，教师的科研能力有了很大的提升，教师自身的专业也得到了更快的发展。因此，政策性因素对教师的科研能力影响极大。

2）在国家示范高职院校中，英语教师的科研能力总体呈上升趋势，但存在地区间发展的不平衡。第一批示范高职中，英语教师的科研成果在全部科研成果中所占的比例平均为4.25%，高于第二批示范高职的平均数3.62%。第一批示范高职英语教师在本学院科研成果所占比例的更高，证明经过更长时间的重点建设，随着高职学院的发展，英语教师自身也得到了更快的发展。另外，检索的结果也显示，各示范高职发展不平衡。英语类文章在全部文章中所占的比例，在两批示范高职中，分别各有一个院校超过了7%（宁波职业技术学院和长春职业技术学院）；但同时也存在所占比例很低的院校：上海医药高等专科学校为1.44%，江苏农林职业技术学院为0.99%，青海畜牧兽医职业技术学院为0.82%。与上海医药高等专科学校同属第一批示范高职，并且同属经济发达地区的宁波职业技术学院，比例最高（7.80%），浙江金融职业学院英语类科研成果所占的比例（5.09%）也远远高于上海医药高等专科学校。这同时说明，排除政策支持等因素，其他的影响因素（比如教师主观上专业发展的能动性、教师原有的专业水平等）也在教师的专业发展中起着重要作用。

3）英语教师的专业发展在高职院校快速发展的大环境中，处于相对落后的地位。上述两表反映的是英语类文章在各自学院发表文章中所占的比例，仅就这一点而论，还难以反映该校英语教师的科研地位，还应考虑英语教师的人数在相应院校中所占的比例。本研究还调查了14所示范高职专任教师和英语教师人数的比例（因该统计数据来源于各学院网站，部分院校网站上数据不全，故有的院校未列入统计范围），结合科研成果的对比情况来分析。

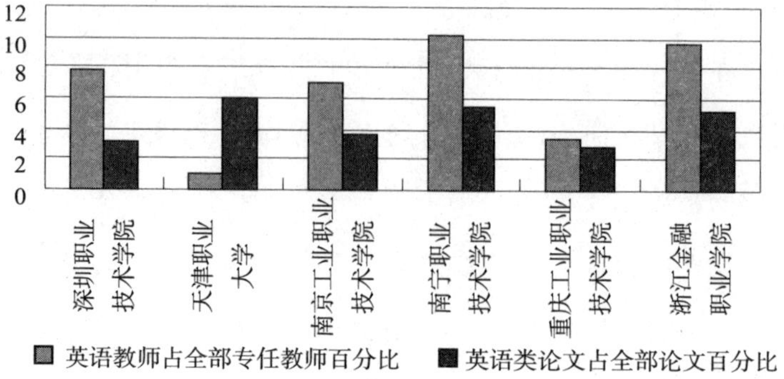

图 11－1　首批示范高职英语教师和英语类论文所占比例

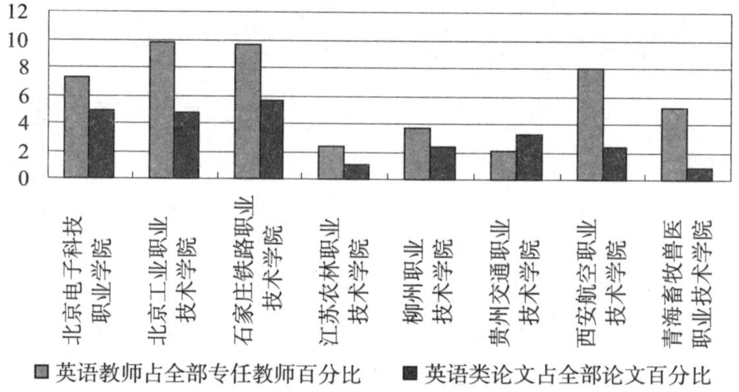

图 11－2　第二批示范高职英语教师和英语类论文所占比例

从上面两图中可以直观地看出，在调查的 14 所院校中，只有天津职业大学和贵州交通职业技术学院英语类论文的比例超过了英语教师所占的比例。在其余院校中，英语教师占全部专任教师的比例要大于英语类论文占学院全部论文的比例，说明英语教师的科研成果低于学院的总体科研发展水平，并且有的学院该比例相差很大。

以首批示范高职深圳职业技术学院为例，该学院在2006年至2011年间，共发表论文4 759篇，在所调查的高职院校中最多。但其英语类论文仅有155篇，占全部论文的3.26%，而英语教师占全部专任教师的比例为7.78%，这个比例是论文比例的两倍。然而，深圳职业技术学院的外语科研水平曾一度在国内高职外语教育领域处于领先水平（胡军，朱雷，2011：32）。这说明，随着深圳职业技术学院整体科研水平的提高，英语教师的科研水平没能与学院的发展保持在同一速度，已经远远落在学院整体发展水平之后。其深层的原因，值得学院和英语教师共同分析和反思。

11.3.2　抽样调查高职英语教师专业发展需求调查结果及分析

在中国知网上检索英语教师的科研成果的同时，还对部分高职院校的英语教师做了问卷调查，试图分析产生上述结果的原因。考虑到方便性因素，只调查了两所全国示范高职院校的英语教师，发放调查问卷60份，收回有效问卷35份，调查结果可以反映部分示范高职英语教师专业发展的需求状况，希望该结果可以起到管窥的作用。

参与问卷调查的英语教师中，91%为女教师，占绝大多数。30岁以下的年轻教师比例较小，为11%，英语教师的构成主要为30~40岁（49%）和41~50岁（43%）的中青年教师。在学历方面，46%的教师为硕士学位，37%的教师为学士学位，参加研究生课程班的占14%。通过调查结果，发现在英语教师专业发展方面存在以下问题：

1）对英语教师专业发展外部政策支持的缺失。调查结果显示，69%的英语教师周平均课时在12~16节，29%的教师在16~18节，有的教师（3%）甚至达到18节以上。繁重的教学任务，加上课下所花费的备课和批改作业的时间，耗费了教师大量的精力，挤占了教师可以用来充实、提高自身科研水平的时间。繁重的教学任务和严格的考核评价体系，使教师产生强烈的进修愿望。51%的教师希望一年能够有两次培训机会，40%的教师希望一年一次培训。但现实情况是，仅有51%的教师能达到一年一次的培训机会，没有英语教师能实现一年两次的培训、进修愿望。43%的教师，在近三年中只有1~2次培训或进修，还有6%的英语教师没有参加过任何进修或培训。另一个调查问题的结果显示，三年内英语教师参加国外、国内外语研讨会的次数为，3%的教师参加了4~5次，6%参加了3次，43%参加了1~2次，还有51%的教师没有参加过任何英语研讨会。学院内组织英语研讨会的次数也不尽如人意，三年内9%的学院组织过6次及以上英语研讨会，更多的是组织了1~2次和3次的，分别是14%和63%。这项调查显示，在教师专业发展已进入快速发展的今天（文秋芳，任庆梅，2010，77），对高职英语教师专业发展的忽视还很严重。

2）英语教师参与科研的愿望强烈，但科研能力还须提高。问卷对英语教师的科研愿望进行了调查，结果显示，英语教师有参加科研的主观愿望，三年内撰写过3篇及以上论文的教师占80%，有80%的教师申报过至少1项外语类课题，40%的教师近三年内编写过教材或专著。但另一组数据又表明，教师的科研能力有待提高。如三年内发表过3篇及以上论文的教师占60%，较撰写过论文的

80%下降了20%。28%的教师只发表了一篇论文，还有14%的老师没能发表论文（没有撰写过论文的比例为9%）。申请课题的成功率也较申请人数有所下降（见表11－3）。

表11－3　近三年内英语教师申报、主持、参加外语类课题情况统计

	课题数	申报课题的教师比例（%）	主持课题的教师比例（%）	参加课题的教师比例（%）
近三年内英语教师申报、主持、参加外语类课题情况	3项以上	6	0	6
	3项	14	9	23
	2项	29	23	26
	1项	31	37	23
	0项	26	34	40

3）造成英语教师科研成果不理想的原因是多方面的。有教师自身科研能力不足的因素：有29%教师不知道用何种方法进行教学研究，23%的教师不知道教学科研中使用哪种统计方法。对“文献检索方法”一项的调查，由于答案设为多选项，分别有29%和37%的人次使用谷歌和百度搜索。此外，还有教师主观方面的原因。关于“了解外语类课题的种类、申报时间”这一问题，回答“知道”和“比较清楚”的占23%，63%回答“不是很清楚”，17%回答“不知道”。在教学中有43%的教师做过教学实验，40%没做过，29%选择“不知道”（选该选项，可以理解为教师不知道如何做教学实验）。教师用来提高专业能力的时间较少，教师每天（3%）或经常（11%）阅读各种文献的只占很小的比例，40%的教师阅读时间为“一般”，43%很少花时间阅读文献。令人欣慰的是，在阅读的文献中，英语专业类（43%）和英语教学法类（69%）相差并不悬殊。

11.4 存在问题与对策

在对上述统计数据和调查问卷的结果进行统计分析时，发现高职院校英语教师的科研状况和专业发展中，存在以下问题：1）国家对高等职业院校的支持力度加大，有利于高职院校教师的专业发展，但职业院校对英语教师的专业发展关注度不够。有的院校专业学科的教师培训、进修机会相对较多，而英语教师参加培训和进修的愿望基本不能满足。在登录一些学院的网站时，发现有的院校网站上仅有“基础教学部”或“外语系”的名称，但是没有打开的链接（而其他专业科室都有链接），这也从一个侧面反映了学院对基础学科关注度不够。对英语教师专业发展的忽视，部分导致了英语教师的专业发展速度低于职业院校的整体发展速度。2）在国家示范高职院校中，英语教师的科研能力总体呈上升趋势，但存在地区间发展的不平衡。同为首批高职示范院校，处于相同的经济发展环境中，院校之间也存在较大的差距。这说明排除政策性因素外，还有其他重要因素影响着教师的专业发展。3）教师的科研能力还有待提高，应更多地阅读英语专业和英语教学的相关研究成果。教师应养成收集、积累教学数据的习惯，科研应立足于教学实践，利用科研成果来促进教学效果的提高。

针对上述问题，结合教师专业发展的相关理论（Ellis，R. 2009），高职院校的英语教师专业发展应从以下方面入手。

1）加大政策性支持力度，建立和完善教师教育与进修体系。教师对进修机会的渴求是一个多年来未能得到解决的问题（周燕，2005，207）。王海啸（2009，11）在“大学英语教师与教学情况调查分析”中指出，2005 年至2008 年每个高校每年参加国内专门培训的大学英语教师人数为平均 7 人次，按照这一比例，每名教师必须等 10 年次到 100 年次才能获得一次进修机会。高职院校（尤其是高职示范校）应抓住学院整体快速发展的契机，重视基础学科教师的专业发展。

2）建立“自助式”的教师研修体系，包括教师的自主学习、自我反思、不同时期的专业成长（吴一安，2008，36）。大学英语教师应重视自身的素质发展，利用工作之余，加强理论学习，阅读与专业和教学相关的书籍、外文期刊；积极开展行动研究，反思教学，认真进行教学设计，不断调整、优化课堂上的教学组织行为，以更好地适应社会文化环境，拓展自身发展空间和生存质量（文秋芳，任庆梅，2010，79）。

3）成立教师学习实践共同体，立足校本教研。课堂教学是教师的日常工作内容，也是教师专业发展的实践途径和最终目的。教师可以通过团队合作、同事互助听课制度（王永梅，2004：51 – 54）等形式，将各“单兵作战”的科研形式转变为共同研究的“教师共同体”，将不同教师以及教师不同发展阶段所关注的问题，经过讨论、协商，提炼出大家共同关心的关键问题。共同体中的教师相互讨论、相互磋商、共同研究，找出解决问题的方法，在实现成功培养学生的同时，实现教师专业的发展。

11.5 结束语

通过对近年来高等职业院校英语教师的科研成果进行统计和分析，并将英语类的科研成果与该学院全部学科的科研成果进行比较，发现在高职院校中，英语教师的科研现状低于学院的整体科研水平。对英语教师的专业发展状况进行了调查，分析造成英语教师科研成果较低的政策性外因和教师自身科研能动性等内因。指出在现有条件下，英语教师应首先提高专业发展的主观能动性，通过自主学习等方式，实现专业成长；通过建立“教师共同体”，提高团队教研的能力和水平。希望高职学院管理者提高对英语教师专业发展的重视，也希望英语教师能利用多种途径，拓宽自身的发展空间，实现专业成长。

数据统计和分析还存在很多不足之处。对科研成果的分析方面，仅统计了中国知网上收录的公开发表的论文，没有对发表刊物的来源、论文的研究内容、研究方法等进行分析，因此，研究仅就数量而言，没有涉及论文质量方面的研究。要想更准确地反映英语教师专业发展的情况，还应就论文的质量进行分析。调查问卷的不足之处：因条件所限，问卷仅就部分示范高职院校进行了抽样调查，样本数量较少，未能反映高职院校英语教师的全貌。若能有机会对全部高职院校英语教师就科研和专业发展做全面详细的问卷调查，相信能得到更为翔实的第一手资料，会为高职英语教师队伍建设和英语教师专业发展提供更有价值的参考依据。

第十二章　国内高等职业英语研究热点问题评介

【导读】综合采用关键词、共现词频统计法和内容分析法，对2011年至2015年“中国知网”全文数据库收录的核心期刊有关高职英语论文的关键词进行分析，发现近五年来高等职业院校英语学科的研究热点集中在“教学”“课程”“教师”“学习”“课堂”等七个方面。有关英语的研究覆盖面较宽，但研究的连续性不够，对相关主题（如“实践”）的研究需要深化。

我国高等职业教育作为高等教育的一个重要组成部分，自2006年国家启动“示范性高职院校的建设”以来得到了蓬勃发展。有关高等职业教育的研究也成为国内高等教育研究的一个热点。在我国高等职业教育的研究中，人们对英语学科的研究主要涉及了哪些主题？研究热点集中在哪些方面？研究的发展历程和发展趋势如何？带着这些问题，作者检索了“中国知网”全文期刊数据库近五年来收录的高等职业教育有关英语研究的论文，对所刊论文的关键词，综合采用词频统计法和内容分析法，进行了较为全面的科学计量分析与研究，试图回答上述问题。

12.1 研究的理论依据

研究热点是一个时期学科研究的焦点、集约所在，表现为在一个学科问题上大量文献、学术思想的集中涌现和大量相关研究者群体的出现。高职英语研究的热点也表现在一定时期内有关高职英语研究成果的大量涌现，学术论文和学术著作是其最直接的表现形式。利用词频统计方法对有关高职英语研究论文的关键词进行分析，是了解和评价高职英语研究发展的历史、现状和趋势的一种有效途径。例如，某一关键词在英语研究某个领域的文献中反复出现（即具有较高的共现词频），则可在一定程度上反映该关键词所表征的研究主题是该领域的研究热点。

根据美国情报科学家普赖斯（Derekde Solla Price）有关自发刊年起倒数五年引文比例的理论，本文试图通过对国内 2011 年至 2015 年间发表的有关高职英语研究的论文进行分析，总结目前我国在该领域的较高共现词频的关键词以及这些关键词的出现阶段和发展趋势，就近年来高职英语研究的热点问题进行分析和总结。

12.2　研究方法和数据来源

12.2.1　研究方法

本研究综合使用了词频统计法和内容分析法，对近五年来的高等职业英语研究论文进行了系统的文献计量分析，并结合论文内容分析了高职英语研究的热点及研究趋势。

词频统计法：词频统计法是统计能够揭示或表达文献核心内容的关键词，在某一研究领域文献中出现的频次高低，来确定该领域研究热点和发展动向的文献计量方法。通过一个关键词在一个单位时间段内的出现频次，和在几个单位时间段内出现频次的变化，来确定该领域的研究热点及研究热点的变化趋势。

内容分析法：内容分析法是一种系统化和定量化的分析文献集合等信息载体中所含信息内容的方法，该方法的特点是比较擅长揭示信息生产者无意间透露出的一些真实信息，因此也能比一般的文献统计法更能洞悉某些问题的实质。在本研究中，我们将使用这种方法通过对部分论文进行全文阅读，解读关键词的准确含义，分析第二级关键词，并配合上述关键词统计法一起来识别、归纳出论文的研究主题和研究方向，然后进行相关研究热点的分析和判断。

12.2.2 数据来源

为了较准确地反映国内近年来高职英语研究的热点和发展趋势，保证所选数据具有较高权威性和较强的代表性，本文首先对2011年至2015年“中国知网”全文期刊数据库的期刊进行遴选。入选“2012年全国中文核心期刊”的14种外语类核心期刊（外语教学与研究、外国语、外语界4篇、现代外语、外语与外语教学、外语学刊1篇、外语教学2篇、解放军外国语学院学报1篇、外语研究、外语电化教学1篇、中国外语2篇、外国语文18篇、外语教学理论与实践、山东外语教学1篇）中，五年来共刊载高职英语论文30篇，论文数量太少，不具有研究的价值。高等教育类核心期刊共14种期刊，五年来只有中国高等教育（1篇），中国高教研究（1篇），学位与研究生教育（2篇），黑龙江高教研究（12篇）和高教探索（2篇）刊载高职英语类文章共18篇。同样，高等教育类核心期刊刊发职业院校英语类文章数量太少，不具有研究的价值。职业教育类核心期刊10种，刊载高职英语类论文情况如下：

表12－1　2011～2015年职教类核心期刊刊载英语类文章

序号	期刊名称	刊文篇数	序号	期刊名称	刊文篇数
1	中国特殊教育	0	6	开放教育研究	0
2	教育与职业	183	7	中国职业技术教育	47
3	民族教育研究	1	8	职教论坛	67
4	职业技术教育	85	9	中国成人教育	125
5	高等农业教育	4	10	中国远程教育	1

由统计数据可见，职业教育类核心期刊的载文数量也不均衡，因此，将研究论文检索的期刊来源限定为载文较多的刊物，范围为“职业教育类核心期刊”的《教育与职业》《职业技术教育》《中国职业技术教育》《职教论坛》《中国成人教育》五种期刊。

12.2.3　检索方法

在“中国知网”首页，打开“期刊”条目，“检索”项中选择“高级检索”，将检索的主题设为“英语”，并且篇名包含“高职”或“职业”（精确搜索）；“检索控制条件”项中，设定检索时间为“2011 年 1 月 1 日到 2011 年 12 月 31 日”；“文章来源”项输入要查找的核心期刊的名字，如《中国职业技术教育》，以此类推。2011 年至 2015 年，五种中文核心期刊共检索到高职英语类论文共 493 篇文章，统计关键词 1 804 个（因数据采集于 2016 年 1 月，2015 年期刊论文有可能没有全部上传到中国知网，故 2015 年数据有可能不完整）。

表 12－2　五种核心期刊载文及关键词统计

年份	载文数量（篇）	关键词数量（个）
2011 年	103	381
2012 年	125	452
2013 年	104	391
2014 年	102	352
2015 年	59	228
总计	493	1 804

12.3 数据收集及英语研究热点分析

12.3.1 数据采集和建库

我们将五种中文核心期刊中标引的关键词进行了统计、整理，以年度为建库依据，将统计的关键词按年份分别输入 Excel 表格中，建立 2011 年、2012 年、2013 年、2014 年和 2015 年五个关键词数据库。按年份划分关键词库，进行关键词的分析，可以看出研究热点的变化情况和发展趋势。在统计的过程中，对所有的关键词进行了整理，删去了一些诸如“高等教育”“英语”等专指度低的关键词，并根据有些关键词研究内容的相近性提炼了一些关键词，如将“语境化教学、教学、课堂教学、教学策略、教学法、教学反思、教学改革、教学模式、教学设计、教学特性、教学做一体、金融英语教学”提炼出一个共同的关键词“教学”作为第一级统计的关键词。“教学”研究的具体内容采用内容分析法，结合关键词和论文内容进行分析、总结归纳其研究的特性。经过这些处理，借助关键词的分析能更具科学性、更好地反映研究内容和研究热点。经统计，获得第一级关键词共 68 个，如下表所示：

表 12－3　2011—2015 年第一级关键词统计

序号	关键词	序号	关键词	序号	关键词	序号	关键词
1	教学	18	口语	35	专业英语	52	文化
2	学习	19	ESP	36	职业	53	合作

续表

序号	关键词	序号	关键词	序号	关键词	序号	关键词
3	能力	20	策略	37	网考平台	54	角色
4	商务英语	21	分层	38	工学结合	55	听力
5	学生	22	建构	39	发展	56	差异
6	教育	23	实用	40	个案研究	57	语用
7	课程	24	自主学习	41	工作过程	58	知识观
8	实践	25	公共英语	42	就业导向	59	多媒体
9	课堂	26	跨文化	43	课堂观察	60	动机
10	对策	27	任务	44	职场化	61	创新
11	教师	28	需求	45	自我	62	词汇
12	培养	29	第二课堂	46	语言	63	对策
13	应用	30	改革	47	专业调研	64	分级
14	教学	31	评价	48	情感	65	教材
15	学习	32	情景	49	项目	66	语篇
16	英语专业	33	问题	50	行业英语	67	阅读
17	实训	34	测试	51	网络	68	慕课

12.3.2 数据分析

本研究通过对国内2011年至2015年间发表的有关高职英语研究的期刊进行分析，总结五年来我国在该领域的较高词频的关键词、较高词频关键词的出现阶段和变化情况，研究近年来高职英语研究的热点问题和关注点的发展趋势。结合统计数据，就国内高职英语近五年来的关注热点，年度关注热点和五年来研究热点的变化趋势一一进行分析。

（1）高职英语近五年来的关注热点

经过整理、归纳后，2011年至2015年493篇文章中，共出现关键词总数为 1 804 个，也就是说，平均每篇文章中出现 3.7 个关键词，说明每篇文章至少关注三个方面的问题。在中等篇目的文章中（4 000 字左右），关注范围较大，文章内容容易流于泛化和表面。在所有关键词中，归纳、统计到第一级关键词 68 个，第一级关键词在总篇目中的共现率为 13.7%，就是意味着，在总数 493 篇文章中，13 篇文章就会有一个新的第一级关键词出现，说明文章关注热点的集中度比较低。

但是，在如此广泛的关注范围中，有一些关键词共现的频率非常高，反映了近年来高职英语的关注热点。将五年来统计到的关键词年度出现的频次相加，得到了近五年来所有关键词共现的总频次。将某一个关键词在五年中共现的频次除以数据来源的总篇章数，得到某一关键词在近五年来的总篇章关注度，就得到了一组数据，包括关键词、共现总频次和总篇章关注度。该数据反映了关键词在近五年来受到的总关注度，某一关键词共现总频次越高，说明该关键词受到的关注越大，也就是高职英语研究的热点；反之，共现总频次越低，说明该关键词受到的关注越小，则说明该关键词不是研究的热点。

将近五年来共现词频排名前 20 的关键词汇总，并将五年来的共现次数相加，就得到近五年来共现频率最高的关键词共 45 个以及这些关键词的共现总频次和总篇章关注度（如表 4 所示）。可以看出，近五年来关注的热点主要集中在“教学、课程、教师、学习、商务英语、职业、课堂、培养、项目和实践”方面（取共现总频次最高的前十个关键词），这些关键词部分反映了我国高等职业教育改革与发展的主要任务和方向。随着我国高等教育发展战略的调整，高等教育“重心下移”以及贯彻落实国务院《关于大力发展职业教育的决定》和全国职业教育会议精神，高等职业教育发展加快；2006年年末，教育部、财政部联合启动“国家示范性高等职业院校建设计划”，高等职业教育成为发展和建设的“重点”。因为研究的对象为高等职业院校的英语课程，可以看到，高等职业教育“培养的是技术、生产、管理、服务等领域的高等应用性专门人才。英语课程不仅应打好语言基础，更要注重培养实际使用语言的技能，特别是使用英语处理日常和涉外业务活动的能力”。

表12-4　关键词共现频次及总篇章关注度统计

序号	关键词	共现总频次	总篇章关注度（%）	序号	关键词	共现总频次	总篇章关注度（%）
1	教学	223	45.23	24	任务	12	2.43
2	课程	67	13.59	25	行业英语	10	2.03
3	教师	64	12.98	26	评价	10	2.03
4	学习	61	12.37	27	自主学习	8	1.62
5	商务英语	44	8.92	28	专业发展	7	1.42
6	职业	36	7.30	29	文化	7	1.42
7	课堂	32	6.49	30	应用	6	1.22
8	培养	29	5.88	31	对策	6	1.22
9	项目	19	3.85	32	跨文化	6	1.22
10	实践	18	3.65	33	工作过程	5	1.01
11	职业发展	18	3.65	34	教材	5	1.01
12	学生	16	3.25	35	口语	4	0.81
13	教育	15	3.04	36	构建	4	0.81
14	公共英语	14	2.84	37	专业英语	4	0.81
15	跨文化	14	2.84	38	写作	4	0.81
16	工学结合	14	2.84	39	自主	4	0.81
17	需求	14	2.84	40	就业	4	0.81
18	改革	13	2.64	41	翻译	3	0.61

续表

序号	关键词	共现总频次	总篇章关注度（%）	序号	关键词	共现总频次	总篇章关注度（%）
19	策略	13	2.64	42	交际	3	0.61
20	能力	12	2.43	43	分层	2	0.41
21	ESP	12	2.43	44	多元化	2	0.41
22	语言	12	2.43	45	复合型	2	0.41
23	教学	223	45.23				

前十位的关键词正好与这个改革和发展方向相吻合。“教学、课程、教师和培养”关注的是学校“教”的方面，如开展教学模式的探索与改革，改变传统的教师讲授，学生被动接受知识的授课模式，引进“教、学、做”一体化的新型教学模式；加快课程改革，学校与企业合作，设置为企业急缺人才定制的课程，将现有课程逐步改进为“工学结合”的有职业特色的课程体系；加强教师队伍建设的研究，提高教师素质等。

结合内容分析法，可以看到某个第一级关键词所包含的具体内容（在本书中称作第二级关键词），也就是热点关注的具体方面。以关注度最大的“教学”为例（表 12－5），分析出在这个关键词下的第二级关键词包括“教学内容、教学门类、具体教学方法和教学理论”。其中，“教学门类”涵盖了“ESP 教学、公共英语教学、函电教学（该词条可归入 ESP 教学）、文化教学”，基本可以覆盖高职英语教学的各个方面；“教学内容”包括了英语的“听、说、读、写、译”全方面，说明高等职业教学注重对学生英语能力的全面培养；“教学方法”则包括多达 21 种教学方法，说明高职英语教学正在改变传统、单一的教学模式，努力探索和建成多元化的高职英语教学模式；数据显示，近年来对“教学理论”的研究更广泛，25 个二级关键词，几乎涉及教学理论研究的所有方面。这也说明，在教育部、财政部联合启动“国家示范性高等职业院校建设计划”以来，高等职业教育成为发展和建设的“重点”，教育教学理论的研究得到蓬勃发展。但另一方面也说明，在高职英语的教育教学领域，还没有形成权威，相关的理论研究都处于探索阶段，因而出现百家争鸣的现象。

表 12－5　“教学”所含第二级关键词分析

第一级关键词	关键词小类	第二级关键词	关键词小类	第二级关键词	关键词小类	第二级关键词
教学	教学内容	教学内容 词汇教学 翻译教学 口语教学 听力教学 听说教学 写作教学 阅读教学	教学方法	教学法 案例教学 层次教学 叠加式教学 多元立体化教学 反思性教学 分层教学 分级教学 合作教学 互动教学 课堂教学 模拟教学法 抛锚式教学 任务型教学 实践教学 实训教学 双语教学 体验式教学 项目教学 语境化教学 元认知教学 主题教学	教学理论	教学现状 教学改革 教学理念 教学原则 教学策略 教学目标 教学模式 教学方式 教学手段 教学资源 教学设计 教学计划 教学情景 教学团队 教学对象 教学实践 教学评估 教学评价 教学质量 教学特色 教学效果 教学意义 教学反思
	教学门类	ESP 教学 公共英语教学 函电教学 文化教学				

“学习、课堂和实践”关注的是学生“学”的方面，新型教育理念强调高等职业教育要以学生为中心，以学习为中心。第一个“中心”的含义可以阐释为，高等职业教育从课程设置，教学内容的取舍，教学场地的安排，到教学方法的采用，都应为将学生培养为“具有专门技术的应用型人才”服务；第二个“中心”，要求不仅要让学生学到未来岗位需要的英语知识，还应传授学生学习英语的学习能力，为学生的终身学习和未来的职业发展打好基础。

“职业发展”突出了高等职业教育要与学生的职业能力的培养和职业发展相结合，改革现有的“培养”模式和“教学”模式，通过“实践”，将专业知识转化学生的应用能力。

总之，近五年来国内高等职业教育中英语学科的关注点分散在英语教学、课程建设、师资队伍建设、公共英语和商务英语（或专业英语）、英语学习、能力培养、英语课程的改革、职业能力的培养、实践环节、课堂、学生、英语的应用和对教学中出现的问题的对策研究上，关注的方面较全面，说明对国内高等职业教育中英语学科的研究方兴未艾。对英语“教学”的研究是历年来的关注热点，说明做好“教”的工作仍然是高职院校英语研究的重中之重。

（2）年度关注热点分析

近五年来一直作为研究热点出现的关键词并不多，在68个第一级关键词中，有“教学、课程、教师、学习、商务英语、培养、课堂”共七个。说明国内高等职业教育中对于英语学科的研究热点随着时间的变化而变化，持续作为研究热点的方面并不多。

但是，从每年共现频次较高的关键词中，可以分析出高职英语研究热点转移的方向。取年度排名前十位的第一级关键词，用某一关键词在某一年的共现频次与本年度的总篇章数的百分比，得到该关键词在本年度的受关注度。2011 年至 2015 年年度共现频次排名前十的关键词在本年度受到的关注度如下图所示。

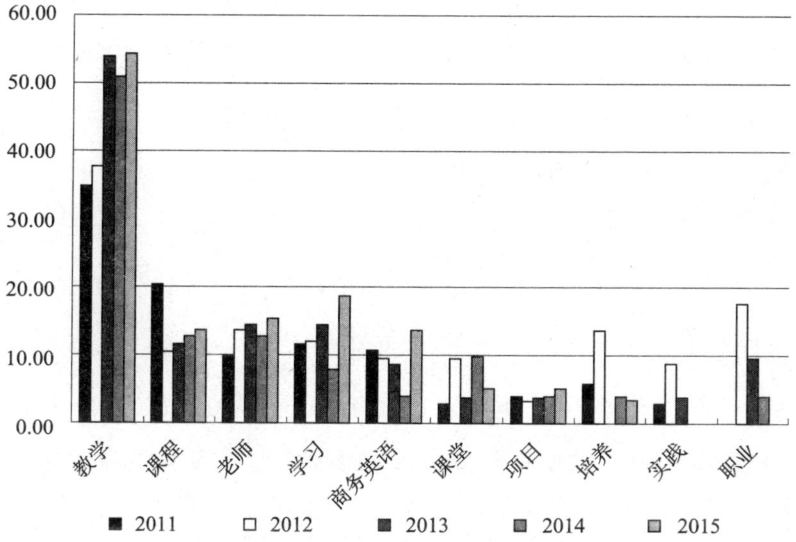

图 12－1　2011—2015 年年度共现词频

前十名第一级关键词年度关注度（%）

由上图可见，“教学”在 2011 年至 2015 年五年中受到的年度关注度占绝对领先地位，且一直是高职院校英语研究的热点，这一点也在全文对“教学”项目的分析中得到了验证。紧随其后的关注点“课程”“教师”“学习”和“商务英语”在五年中的关注度一直比较高，且受到的关注比较持续、均衡，都在 10% 左右，说明该年度的研究热点除“教学”之外比较分散；2011 年，“课程”成为受关注度排名第二的关键词（20.93%），而且本年度“教学”所受的关注度有所降低（34.95%），本年度受关注度较高的另两个关键词为“学习”和“商务英语”，各占10%左右；2012年，“教学”所受关注度基本与2011年持平（37.6%），“职业”“培养”“教师”与“商务英语”为本年度的研究热点；2012年，“培养”“实践”和“职业”成为继“教学”之后的研究热点，但对这些方面的研究没能得到持续，“培养”甚至在2014年和2015年都没能进入研究热点的前十，说明对这些问题的研究不够深入。2013年，“教学”受到的关注度又有大幅提高，同时，本年度的研究热点还表现在“学习”和“教师”方面。之后两年，“教学”受到的关注度持续上升。除了“教学”仍然是高职院校英语研究的绝对热点外，对高职院校教师职业发展的关注成为近年来的研究热点。“课程”“教师”和“学习”成为研究中心，其余再也没有出现明显的研究热点。结合第一级关键词分析，近两年出现的新关键词较多，如在2014年出现的“慕课”，2015年的“微课”，说明研究有新的方向，也说明研究有更加离散的趋势。

综合上述分析，可以得出这样的结论，五年来高职英语的研究热点比较分散，仅形成了“教学”一个绝对的研究中心，其次的研究热点为“课程”和“教师”。

（3）近五年关注热点的变化趋势

前面分析了2011年至2015年高职英语的年度研究热点，那么，这些研究热点又是怎样发展变化的呢？

首先分析2011年至2015年共现共频次排名前十的关键词，研究其在近五年中总篇章关注度的变化情况。如图12－2所示，“教学”作为五年来的绝对的研究中心，经历了一个“上升—下降”的过程。2011 年至 2013 年所受到的关注度持续上升，到 2013 年达到最大，之后有缓慢下降。但一直保持着最高的关注度。五年来持续的研究热点，“课程”“教师”和“学习”一直保持在关注度的高位，且变化不大。“课程”在 2011 年受到极大的关注，正好与高职院校开始的课程改革相吻合。但之后研究热度虽有所下降，但一直保持在关注度的第二位，说明高职院校英语课程建设的改革还在持续，结合目前高职院校英语课程设置的多样性，也从另一个侧面反映出英语课程建设的重要性。排在第三位的“教师”也是今年来受到持续关注的研究热点。由关键词统计可知，更具体的研究领域包括“教师职业发展”“职业倦怠”“双师型建设”“教师人文素养”“教师职业认同感”等多个方面。说明高职院校很关注教师队伍建设，在努力提高自己的师资水平，从源头上提升职业院校的整体教学水平。

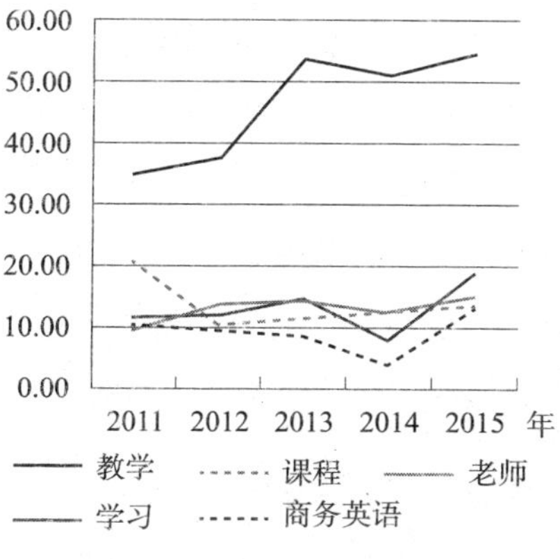

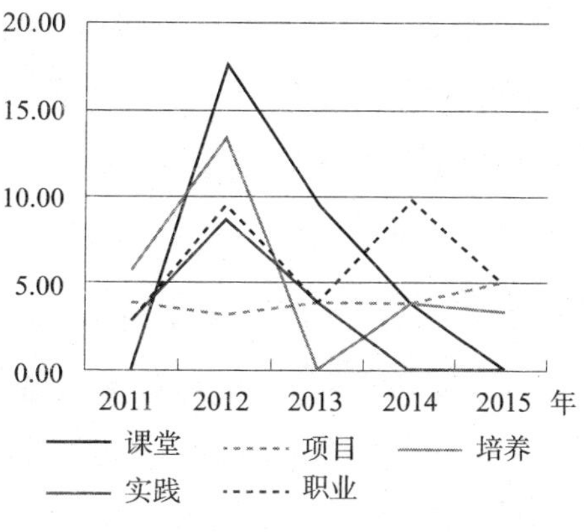

图 12－2　2011 年至 2015 年排名前十的关键词总篇章关注度（%）的变化

另外几个关注的热点关键词中，“职业”和“实践”在其中三年间成为研究热点，“培养”是其中四年间的研究热点。研究中心的频繁转移，说明对高职院校英语课程的研究还没有形成一个连续的过程，对某一主题的研究还不够深入，目前所做的研究还流于表面，还有深挖下去的可能与必要。尤其是“实践”环节，应该是职业院校教学中占较大比例的部分，但在英语教学中却没有得到相应的体现。比较符合传统英语教学形式的“课堂”，所受关注度超过“实践”，且成为五年来一直受关注的研究热点，更加说明英语教学应该由传统的课堂教学、知识传授为主，向注重实际应用、培养学生的应用能力改革的必要。

对比 2011 年至 2015 年持续出现的七个关键词的总篇章关注度的变化情况，可以得出这样的结论：1）“教学”作为五年来绝对的研究中心，相关数据已经结合内容分析做过阐述。2）由“课程”和“教师”在五年内的相关数据，可以看出，两者的总篇章关注度都保持在 10% ~20%，说明在高职英语学科研究中比较重视课程建设和师资建设。结合内容分析发现，高职院校为适应社会的需要，正在努力调整课程设置，改造课程框架，更新课程内容，使高等职业英语课程设置与企业、岗位需求对接。同时，教师队伍也经历着转型期，由“知识”型教师向“知识 + 技能”的“双师”型教师转变。3）近年来高职院校的教学重点由“以教为中心”向“以学为中心”转移，因此“学习”成为研究热点。但英语教学还没有完全摆脱传统的课堂教学的模式，因此，对“课堂”的关注处于起伏的状态。4）最后一个研究热点“项目”，五年来一直是研究者的关注，但“项目”的总篇章关注度多数年份在 10% 以下，说明改革力

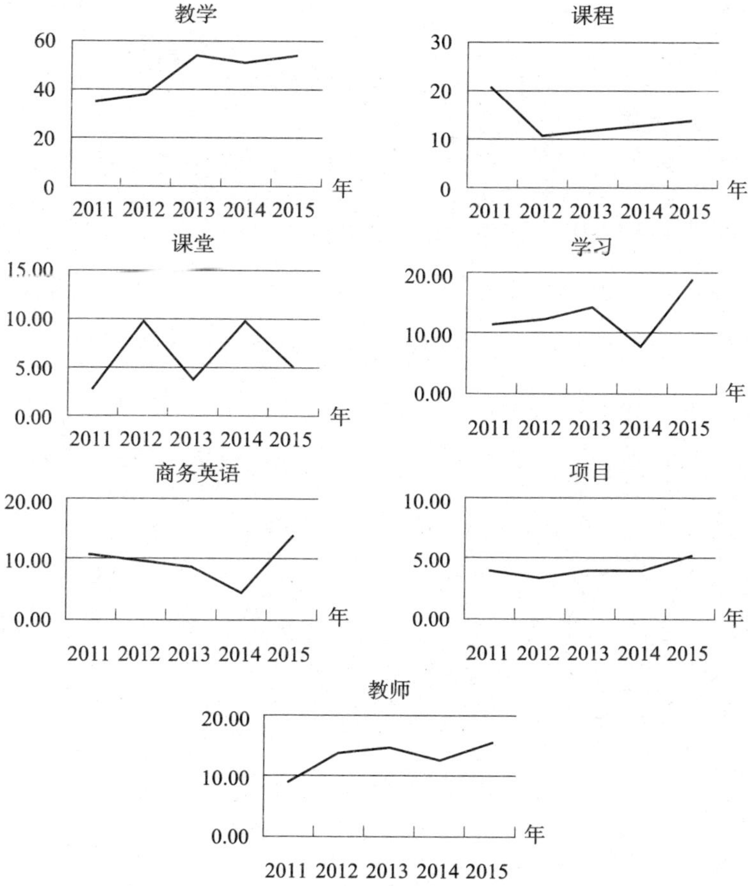

图 12－3　2011 年至 2015 年七个研究热点的总篇章关注度（%）变化情况

度不够。高职院校英语教学应为学生今后的工作需求和职业发展服务，英语的应用应该是教学的主要目的，用英语完成一定的项目，应成为教和学的一个新方向。因此，在今后的研究方向上，应加大对英语实用性的研究。5）商务英语作为高职院校专业的一个重要组成部分，历年来都受到很大的关注，但商务英语不在本研究的讨论范围，因此不做过多分析。

12.4　结论与展望

本研究采用词频统计法与内容分析法，研究了高等职业院校英语学科近五年来的研究热点与发展趋势，分析了“教学”等研究热点的具体研究内容。发现目前研究热点比较分散，对各年份研究热点的连续关注度不够，对一些热点（如“实践”）研究得不够深入。今后，高等职业院校中英语学科的研究应与高等职业教育的整体发展和社会对职业教学的需求相结合，深化课程建设和师资队伍建设，使高职英语向着应用的方向发展。

附录1

高职高专教育英语课程教学基本要求

（教育部高教司2000年10月颁布/试行）

一、适用对象

本教学基本要求适用于高职高专教育（即普通高等专科教育、高等职业教育和成人高等专科教育）非英语专业的学生。学生入学时一般应掌握基本的英语语音和语法知识，认知英语单词1 000个（较低要求）至1 600个（标准要求），在听、说、读、写、译等方面受过初步的训练。

二、教学目的

高职高专教育英语课程的教学目的是：经过180～220学时的教学，使学生掌握一定的英语基础知识和技能，具有一定的听、说、读、写、译的能力，从而能借助词典阅读和翻译有关英语业务资料，在涉外交际的日常活动和业务活动中进行简单的口头和书面交流，并为今后进一步提高英语的交际能力打下基础。

三、教学要求

鉴于目前高职、高专和成人高专学生入学时的英语水平差异较大，本课程的教学要求分为 A、B 两级，实行分级指导。A 级是标准要求，B 级是过渡要求。入学水平较高的学生应达到 A 级要求，入学水平较低的学生至少应达到 B 级要求。随着入学英语水平的不断提高，学生均应达到 A 级要求。

本课程在加强英语语言基础知识和基本技能训练的同时，重视培养学生实际使用英语进行交际的能力。通过本课程的学习，学生应该达到下列要求：

1. 词汇

A 级：认知 3 400 个英语单词（包括入学时要求掌握的 1 600 个词）以及由这些词构成的常用词组，对其中 2 000 个左右的单词能正确拼写，英汉互译。学生还应结合专业英语学习，认知 400 个专业英语词汇。

B 级：认知 2 500 个英语单词（包括入学时要求掌握的 1 000 个词）以及由这些词构成的常用词组，对其中 1 500 个左右的单词能正确拼写，英汉互译。

2. 语法

掌握基本的英语语法规则，在听、说、读、写、译中能正确运用所学语法知识。

3. 听力

A 级：能听懂日常和涉外业务活动中使用的结构简单、发音清楚、语速较慢（每分钟120词左右）的英语对话和不太复杂的陈述，理解基本正确。

B级：能听懂涉及日常交际的结构简单、发音清楚、语速较慢（每分钟110词左右）的英语简短对话和陈述，理解基本正确。

4. 口语

A级：能用英语进行一般的课堂交际，并能在日常和涉外业务活动中进行简单的交流。

B级：掌握一般的课堂用语，并能在日常涉外活动中进行简单的交流。

5. 阅读

A级：能阅读中等难度的一般题材的简短英文资料，理解正确。在阅读生词不超过总词数3%的英文资料时，阅读速度不低于每分钟70词。能读懂通用的简短实用文字材料，如信函、技术说明书、合同等，理解正确。

B级：能阅读中等难度的一般题材的简短英文资料，理解正确。在阅读生词不超过总词数3%的英文资料时，阅读速度不低于每分钟50词。能读懂通用的简短实用文字材料，如信函、产品说明等，理解基本正确。

6. 写作

A级：能就一般性题材，在30分钟内写出80～100词的命题作文；能填写和模拟套写简短的英语应用文，如填写表格与单证，套写简历、通知、信函等，词句基本正确，无重大语法错误，格式恰当，表达清楚。

B级：能运用所学词汇和语法写出简单的短文；能用英语填写

表格，套写便函、简历等，词句基本正确，无重大语法错误，格式基本恰当，表达清楚。

7. 翻译（英译汉）

A级：能借助词典将中等难度的一般题材的文字材料和对外交往中的一般业务文字材料译成汉语。理解正确，译文达意，格式恰当。在翻译生词不超过总词数5%的实用文字材料时，笔译速度每小时250个英语词。

B级：能借助词典将中等偏下难度的一般题材的文字材料译成汉语。理解正确，译文达意。

四、测试

语言测试在考核英语知识的同时，应着重考核学生实际运用语言的能力，要做到科学、公平和规范。完成《基本要求》规定的教学任务后，采用“高等学校英语应用能力考试国家级试题库”的命题进行检测。检测分A、B两级（含笔试和口试）。

五、教学中需要注意的几个问题

1. 高职高专教育培养的是技术、生产、管理、服务等领域的高等应用性专门人才。英语课程不仅应打好语言基础，更要注重培养实际使用语言的技能，特别是使用英语处理日常和涉外业务活动的能力。

2. 打好语言基础是英语教学的重要目标，但打好基础要遵循

“实用为主、够用为度”的原则，强调打好语言基础和培养语言应用能力并重；强调语言基本技能的训练和培养实际从事涉外交际活动的语言应用能力并重。

3. 重视语言学习的规律，正确处理听、说、读、写、译之间的关系，确保各项语言能力的协调发展。目前要特别注意加强听说技能的培养。

4. 考虑到目前学生入学英语水平的差异，教学和测试分 A、B 两级。对入学时未达到标准入学水平的学生应进行必要的补充训练，逐步使学生都能达到 A 级要求，以保证《基本要求》的全面落实。

5. 在完成《基本要求》规定的教学任务后，应结合专业学习，开设专业英语课程，这既可保证学生在校期间英语学习的连续性，又可使他们所学的英语得到实际的应用。

6. 正确处理测试和教学的关系。语言测试应着重考核学生实际运用语言的能力，防止应试教育。与此同时，科学的测试又能为教学改革和语言学习提供积极的反馈，是提高教学质量的必要保证。

7. 积极引进和使用计算机多媒体、网络技术等现代化的教学手段，改善学校的英语教学条件。组织学生参加丰富多彩的英语课外活动，营造良好的英语学习氛围，激发学生学习英语的自觉性和积极性。

附表一

交际范围表

一、制订本表的目的是明确英语教学的适用范围。本表列出了教学中学生应重点掌握和运用的交际内容，培养其具有初步的语言交际能力。

二、本表主要用于指导制订教学大纲、教材编写、测试设计等。

三、标＊号者为 A 级要求。

交际范围表

	听、说	读、译	写
日常交际	1. 课堂交流 2. 日常交际：介绍、问候、感谢、致歉、道别、指路；天气、学习、爱好、饮食、健康等	阅读与翻译一般题材的文字材料，如：科普、人物、政治、商贸、文化、生活等	日常题材的短文
业务交际	1. 一般涉外活动 1）迎送 2）安排日程与活动 3）安排住宿 4）宴请与迎送会 5）陪同购物、游览、就诊等 2. 一般涉外业务 1）面试 2）介绍公司/工厂：历史、现状 ＊3）介绍产品：类型、性能、规格、市场等 ＊4）业务洽谈：合作意向、投资意向、签订合同、人员培训、专家待遇、议价、折扣、佣金、订购、付款方式、交货日期、保险等 ＊5）主持业务交流会议	1. 业务信函、传真、电子邮件 2. 广告 3. 产品与厂家介绍 4. 维护及使用说明 ＊5. 本专业书籍的前言、序言和正文节选 ＊6. 科技文摘 ＊7. 技术专利 ＊8. 招、投标书 ＊9. 合同、意向书 ＊10. 国际商务、进出口及保险等的单证	1. 表格填写 1）个人资料表单 ＊2）业务表单 2. 模拟套写 1）名片、贺卡、通知等 2）便条、邀请函及回函 3）个人简历 4）简短私人信函 ＊5）简短业务信函 ＊6）简短传真和电子邮件 ＊7）简短广告 ＊8）简短产品与厂家介绍 ＊9）简短产品维护及使用说明 ＊10）合同

附表二

语言技能表

一、本表列出英语课程教学中学生应在语言技能方面达到的基本要求。

二、本表列出的语言技能要求较为概括，在教材编写和实际教学中应对相关的语言技能进行必要的拓展和灵活处理。

1. 听的技能

（1）理解所听材料的主旨或要点

（2）理解具体信息

（3）理解所听材料的背景、说话人之间的关系等

（4）推断所听材料的含义

2. 说的技能

（1）模拟或套用常用口头交际句型，就日常生活和有关业务提出问题和简短回答

（2）交流有困难时能采取简单的应变措施

3. 阅读技能

（1）理解文章的主旨或要点

（2）理解文章中的具体信息

（3）根据上下文推断生词意思

（4）根据上下文做出简单的判断和推理

（5）理解文章的写作意图、作者的见解和态度等

（6）就文章内容做出结论

（7）快速查找有关信息

4. 翻译（英译汉）技能

（1）正确翻译一般语句，基本符合汉语习惯

（2）正确掌握被动句式的译法

（3）正确掌握倍数的译法

（4）正确掌握定语从句的译法

（5）正确掌握长句的译法

5. 写的技能

（1）正确使用所学的词、词组和句型

（2）语法及标点使用正确，句子结构完整

（3）句子意思清楚，符合逻辑顺序

（4）注意连贯性，正确使用连接手段：如 first、second 等

（5）正确套用或使用常见的应用文格式

附录 2

北京电子科技职业学院大学英语课程标准

一、课程定位

《大学英语》课程是我校三年制高职机电专业群学生必修的一门公共基础课程，是为培养我校面向生产、建设、服务和管理第一线需要的高素质技能型人才的目标服务的，是培养高职学生综合素质、提升职业可持续发展能力的重要课程。

本课程分为通用英语模块和机电英语模块两部分，计划教学学时为 156 课时，分三个学期完成。课程性质为必修课，课程类型为理论课。通用英语模块采用分级教学模式，机电英语模块采用分类指导原则。经过一个学期的通用英语学习，达到教育部《高职高专英语课程教学基本要求》（简称：《基本要求》）规定的要求。在第二学期或第三学期的教学中，逐步融入、渗透机电英语教学内容，以机电工作活动中典型的英语交际任务为主线，以任务驱动模拟情景化设计教学，实现“教、学、做”一体化。本课程在第一、二、三学期开设。前导课程学生已分别学完中职英语或高中英语，后续课程与《专业英语》对接。二者紧密相连，前导课是基础，后续课是强化、提升。

二、课程目标

《大学英语》课程以“工学结合，能力为本”的教育理念为指导，以社会和专业需求为出发点，按照“夯实基础、突出技能、鼓励创新”的培养思路，坚持“课证”融通原则，构建“中、专、本”、一体化高职大学英语课程体系，强化“工具性”，兼顾“人文性”，坚持不懈培养综合素质和能力：应用能力、职业能力、自主学习能力与应试能力。

总体目标：

本课程将语言学习与职业技能培养有机融合，确保教学内容与教学过程真正体现职业性与应用性，促进学生听、说、读、写、译各项语言技能的协调发展，提高学生语言应用能力、跨文化交际能力与综合文化素养。同时将任务型和项目型教学法从始至终贯穿整个教学过程，实施探究性以及工作过程为导向的学习模式，进行英语学习策略训练，采用现代化教学手段，将语言教学和学生职业技能培养有机地结合起来，注重学生在职场环境中的听说能力以及职业能力的培养。

通用英语模块采用分级教学模式。通用英语教学目标就是在中等教育的基础上，培养学生的英语综合应用能力、跨文化交际意识、综合素质以及应试能力。通用英语模块教学在 A 层第一学期、B 层第一学期和第二学期实施。在通用英语模块教学坚持“课证融通”原则，实施“课证融通”式管理，学生在校期间需取得高职高专全国英语应用能力（B 级）证书。

行业英语模块采用分类指导原则。在第二学期或第三学期的教学中，由浅入深地介绍最新、最常用的机电行业英语知识，培养学生在未来机电行业的实际工作中具备语言应用能力，特别是在机电行业职场环境中的听说能力。能在机电职场环境下，使用电话做简单的技术支持服务以及业务交流；能读懂机电行业英文文献；能够掌握实际应用文体的写作。总之，本课程强调“应用”二字，把传授知识、语言应用以及职业技能培养贯穿在教与学的全过程中，使所学内容和涉外交流的话题与工作场景紧密结合，反复强化，达到学、练、用合一的理想效果，以实现课程教学的最终目标。具体目标如下：

知识目标：

1. 词汇——掌握3 500个英语单词。另需掌握500～800个机电行业常见英语词汇。

2. 语法——能运用常用的语法知识，例如：动词与情态动词、定语从句、非谓语动词、虚拟语气等来分析和理解句子、课文，完成相关练习。

能力目标：

1. 听——能听懂英语讲课，并听懂工作过程中所涉及的有关服务咨询、业务洽谈的句子结构简单的题材，语速为每分钟60～80个词，能理解中心大意，抓住要点和有关细节，理解的准确率不低于50%。

2. 说——能用英语进行一般的课堂交流，并能在日常和涉外职场活动中进行简单的交流，并通过典型交际情景的操练，会灵活运用具有相关交际功能的语言表达方式。语言表达较清楚，语音、语调基本正确。

3. 读——基本具备理解课文的能力，具备阅读生词不超过总词数3%的英文资料、读速不低于40词/分的能力。能掌握中心大意及说明中心大意的事实和细节，并能进行一定的分析、推理和判断，领会作者的观点和态度；能够读懂工作过程中涉及的机电行业类的阅读材料，如需求信息表、产品说明书、保修条款等，理解专业术语与词汇。

4. 写——能回答文章中相关问题，并撰写提纲；就某一话题或提纲写出80个词左右的短文，内容基本完整，文理通顺；能填写和套写简短的英语应用文，如表格、简历、通知、信函，语句基本正确，格式正确，表达清楚；能进行机电职场实际应用文体的套写，如商务电子邮件、合同范文以及计划书等。

5. 译——能借助词典将难易度恰当的文章译成汉语。能翻译简短的行业文献。翻译生词不超过总词数5%的文字材料，笔译速度每小时120个英语单词。使用恰当的翻译技巧，译文基本流畅。

素质目标：

1. 具备端正的学习态度和较强的责任心。
2. 具有较强的团队意识和协作能力。
3. 具有较强的英语语言表达和人际沟通能力。
4. 具备评价自我与评价他人的能力。
5. 具备诚信、守信的职业素养。

三、教学起点

本课程是为高职三年制机电类学生课设的，安排在第一、二学期以及第三学期完成，学生来我校之前已分别学过高中英语或中职英语，具备了一定的语言知识与语言技能。

1. 具体如下：

（1）能使用1 000个左右英语单词；

（2）具备了一定的听、说、读、写、译能力；

（3）在口头和书面上能初步运用英语进行简单的交际能力；

（4）具备简单的语法运用能力和遣词造句能力；

（5）初步形成跨文化交际意识。

2. 在教学过程中，可能会遇到的问题有：

（1）虽然学生掌握了一定的语言知识和语言技能，但在实际生活中，发现自己仍然听不懂、读不快、说不出、写不出、不会用语言，更谈不上恰当地运用了；

（2）掌握机电英语词汇以及能在工作场景中进行语言交流会有一定的难度。

四、课程内容与要求

1. 课程教学载体

情景教学：课堂教学主要载体。以生活和职场工作情景为载体，利用教学内容、体态语言、多媒体以及模拟交际活动等形式，创设生动、有趣的语言情境，引领学生进行基本词汇、句法、文法的学习，让学生在身临其境中体验学习的乐趣，使不同学生的思路互相激活、贯通，使集体学习氛围和共同创建的学习语境成为自己生活的一部分。

英语远程网络：学校多媒体网络资源库和英语课程教学网站。创新应用现代科技成果，丰富英语教学的形式与内容，借鉴传统课堂教学的经验和精华，凝练远程网络的教学精华，为学生搭建英语自主学习平台，搜寻自己想要学习的新英语知识和信息，提升学生英语学习兴趣，全方位提高英语学习效果。

英语实践平台：英语角、英语竞赛、英语讲座以及晚会等各类英语实践活动。与课堂、远程网络教学紧密相结合，教学内容与社会发展相联系，引领学生开展各种校内外英语社会实践活动，将课堂、网络信息应用于具体的英语实践教学；实践教学中要注重将课堂理论教学转化为强有力的实践型教学。通过具体可操作的英语实践增长学生的英语应用水平，实现学以致用的良好效果。

职业技能大赛：通过组织学生参加学院、北京市、全国口语技能大赛和高职写作大赛，通过为师生们提供展示英语风采的舞台，侧重学生英语综合应用操作技能的考察，检阅英语教育教学工作成效，促进英语教学模式和人才培养模式的转变，推动英语职业教育不断提高质量。

通过各种英语教学载体为学生营造一个较为全面的英语学习空间，各个载体发挥各自的载体优势，互为补充，全面提高学生的语言应用能力和职业综合能力。

2. 课程教学内容概要

学习内容概要	学习内容	学习标准	学习建议	对学生的评价建议	教学建议	课时数
1. 成功故事	1. 介绍自己 2. 介绍他人 3. 谈论著名人士 4. 定语从句 5. 邀请信 6. B级辅导	1. 能流利地介绍自己 2. 能向他人介绍自己的好朋友 3. 能简单谈论著名人士 4. 能听懂有关介绍的对话和短文，并能回答相关问题 5. 能阅读有关介绍成功人士的文章 6. 能运用所学语言点翻译句子 7. 能写邀请信函 8. 能正确运用定语从句 9. 熟悉B级考试题型和要求	1. 建议学生在日常生活中用英语向同学和老师介绍他人 2. 建议学生课后上网收集并阅读自己感兴趣的名人材料，拓宽自己的视野 3. 课上记好笔记，课下进行总结和复习 4. 建议学生登录网络平台口语课程库自我学习介绍他人的内容 5. 建议学生登录网络平台课程库练习B级试题	自我评价内容：能够用英文作自我介绍；能够写简短的邀请信函 小组评价内容：能够与他人进行沟通，自然流畅；应变能力较强 教师评价内容：上课听讲和发言情况；课后作业完成情况	1. 建议安排学生在语言真实的情境下练习自我介绍以及介绍他人 2. 强调重点短语与句型的操练 3. 借助课文材料和学生收集的材料对学生进行励志教育 4. 用历年的一套真题对学生进行摸底测试	8

续表

学习内容概要	学习内容	学习标准	学习建议	对学生的评价建议	教学建议	课时数
2. 旅行	1. 介绍著名旅游景点 2. 向旅行社咨询旅行 3. 评论跟团旅行和背包旅行 4. 状语从句 5. B 级专项训练：听力	1. 能向他人介绍一些著名旅游景点 2. 能向旅行社咨询有关旅行事宜 3. 能听懂有关旅行的对话和短文，并能回答相关问题 4. 能阅读有关旅行的文章； 能比较阐述青年招待所和宾馆的异同 5. 能运用所学语言点翻译句子 6. 能填写申请表 7. 能正确运用状语从句 8. 能基本听懂与 B 级难度相当的听力材料	1. 建议学生课后上网收集一些著名旅游景点的资料，然后在课堂上用英语向同学们介绍 2. 建议学生课后上网收集有关旅行应注意的事项，在课堂上互相交流，增强学生安全意识 3. 课前预习，课上记好笔记，课后复习 4. 做一份旅行计划安排 5. 建议学生登录网络平台自主学习有关旅行的内容 6. 建议学生登录网络平台课程库进行 B 级听力训练	1. 自我评价内容：能够简单介绍一些著名旅游景点；能正确填写申请表 2. 小组评价内容：能够与他人进行沟通，自然流畅；能够以小组的形式制定一个旅行计划表，合作意识较强 3. 教师评价内容：上课听讲和发言情况；课后作业完成情况	1. 建议安排学生在模拟的语言情境下练习介绍旅游景点 2. 强调重点短语与句型的操练 3. 拓展比较各种旅行方式的利弊和旅行时要注意的事项 4. 训练学生听力技巧，用历年真题中的听力部分作为听力训练材料	6

续表

学习内容概要	学习内容	学习标准	学习建议	对学生的评价建议	教学建议	课时数
3. 英语语言	1. 谈论英语学习经历 2. 比较英式英语和美式英语的差异 3. 感谢信 4. 主谓一致 5. B级专项辅导：词汇和语法	1. 能谈论自己学习英语的经历 2. 能听懂有关语言学习的对话和短文 3. 能阅读有关语言的文章 4. 能比较一些常见词的英式和美式表达的不同 5. 能运用所学语言点翻译句子 6. 能写感谢信 7. 能在实际的写作中做到主谓一致 8. 能掌握一些常考词的用法、和词形转换	1. 互相交流学习英语的经验和遇到的困难，互相学习共同促进 2. 收集英式英语和美式英语的差异，并与大家进行共享 3. 课上记好笔记，课下进行总结和补充学习 4. 对帮助过自己的人写感谢信 5. 建议学生登录网络平台课程库进行与B级相关的词汇和语法训练	1. 自我评价内容：能够向他人谈论自己学习英语的经验和所遇到的困难；能写感谢信 2. 小组评价内容：能够与他人进行沟通，自然流畅；应变能力较强 3. 教师评价内容：上课听讲和发言情况；课后作业完成情况	1. 建议安排学生互相交流学习英语的经验和遇到的困难 2. 强调重点短语与句型的操练 3. 活动比赛：英式英语与美式英语不同 4. 总结词形变换规律，总结常考语言点和语法点	8

续表

学习内容概要	学习内容	学习标准	学习建议	对学生的评价建议	教学建议	课时数
4. 肥皂剧	1. 谈论自己喜欢的电视节目 2. 评论电视节目 3. 了解肥皂剧 4. 电话留言 5. 倒装 6. B级专项辅导：阅读理解	1. 能谈论自己喜欢的电视节目 2. 能评论电视节目 3. 能听懂有关业余活动的对话和短文 4. 能阅读有关肥皂剧的文章 5. 能运用所学语言翻译句子 6. 能正确运用倒装句 7. 能基本读懂与B级难度相当的阅读材料，掌握阅读技巧	1. 在日常生活中跟同学评论电视节目，善于将课堂知识应用于生活中 2. 在日常生活中给同学写留言条，学会学以致用 3. 课上记好笔记，课下进行总结和补充学习 4. 建议学生登录网络平台影视库观看经典电影 5. 建议学生登录网络平台课程库进行与B级相关的阅读理解训练	1. 自我评价内容：能谈论自己喜欢的电视节目和做简单的影评；能写电话留言 2. 小组评价内容：能够与他人进行沟通，自然流畅；应变能力较强 3. 教师评价内容：上课听讲和发言情况；课后作业完成情况	1. 建议安排学生谈论自己喜欢的电视节目 2. 强调重点短语与句型的操练 3. 拓展有关影视的知识 4. 训练学生阅读技巧，用历年真题中的阅读理解部分作为训练材料	8

续表

学习内容概要	学习内容	学习标准	学习建议	对学生的评价建议	教学建议	课时数
5. 网上购物	1. 谈论自己的网购经历 2. 评论网购的利弊 3. 网络安全和隐私 4. 写电子邮件 5. 虚拟语气 6. B级专项辅导：翻译	1. 能谈论自己的网购经历 2. 能评论网购的利弊 3. 能听懂有关网购的电话和短文 4. 能阅读有关网购安全和隐私的文章 5. 能运用所学语言翻译句子 6. 能正确运用虚拟语气 7. 能翻译与B级难度相当的材料	1. 建议没做过网购的学生做一次网购，体验网购的利弊 2. 在日常生活中用英语谈论自己的网购经历，善于将课堂知识应用于生活中 3. 建议没发过电子邮件的学生尝试注册电子邮箱和发送电子邮件 4. 课上记好笔记，课下进行总结和补充学习 5. 建议学生课后收集有关网络安全的知识 6. 建议学生登录网络平台课程库进行与B级相关的翻译训练	1. 自我评价内容：能谈论自己的网购经历；能收发电子邮件 2. 小组评价内容：能够与他人进行沟通，自然流畅；语言表达准确，应变能力较强 3. 教师评价内容：上课听讲和发言情况；课后作业完成情况	1. 建议安排学生交流自己的网购经历 2. 强调重点短语与句型的操练 3. 介绍有关网络安全的相关文章，提高学生的安全防范意识 4. 训练学生翻译技巧，用历年真题中的翻译部分作为训练材料	8

续表

学习内容概要	学习内容	学习标准	学习建议	对学生的评价建议	教学建议	课时数
6. 主题公园	1. 比较主题公园和普通公园的异同 2. 表达自己的喜恶 3. 迪士尼和迪士尼公园 3. 通知 4. 不定式 5. B 级专项辅导：写作	1. 能够谈论主题公园和普通公园的异同 2. 能准确表达自己的喜恶 3. 能听懂有关主题公园的对话和短文 4. 能阅读有关主题公园的文章 4. 能运用所学语言翻译句子 5. 能写通知 6. 能正确使用不定式 7. 能进行一些应用文写作	1. 在日常生活中用英语表达自己的喜恶，善于将课堂知识应用于生活中 2. 上网收集各主题公园的英文介绍，互相交流 3. 课上记好笔记，课下进行总结和补充学习 4. 建议学生登录网络平台口语课程库自我学习关于表达喜恶的内容 5. 建议学生登录网络平台课程库进行与 B 级相关的写作训练	1. 自我评价内容：能够准确表达自己的喜恶；能写通知 2. 小组评价内容：能够与他人进行沟通，自然流畅 3. 教师评价内容：上课听讲和发言情况；课后作业完成情况	1. 建议安排学生在模拟的语言情境下表达自己的喜恶 2. 强调重点短语与句型的操练 3. 拓展各种主题公园的英文介绍 4. 训练学生写作技巧，用历年真题中的写作部分作为训练材料	6

续表

学习内容概要	学习内容	学习标准	学习建议	对学生的评价建议	教学建议	课时数
7. 未解之谜	1. 谈论有名的未解之谜 2. 外星人和UFO 3. 传真 4. 现在分词和动名词 5. B级辅导；综合训练	1. 谈论一些世界有名的未解之谜 2. 能听懂有关未解之谜的对话和短文 3. 了解有关外星人和UFO的相关知识 4. 能阅读有关未解之谜方面的文章 5. 能运用所学语言点翻译句子 6. 能写传真 7. 能正确运用现在分词和动名词 8. 能运用相关技巧进行答题	1. 上网收集并阅读一些闻名于世的未解之谜，互相交流，拓宽学生的视野 2. 课前预习，课上记好笔记，课后复习 3. 建议学生登录网络平台新闻课程库自我学习未解之谜相关的内容 4. 建议学生登录网络平台课程库进行B级试题训练	1. 自我评价内容：能简单谈论有名的未解之谜；能写传真 2. 小组评价内容：能够与他人进行沟通，自然流畅；语言表达准确，合作意识较强 3. 教师评价内容：上课听讲和发言情况；课后作业完成情况	1. 建议安排学生在模拟的语言情境下谈论有名的未解之谜 2. 强调重点短语与句型的操练 3. 拓展交流闻名于世的未解之谜，丰富学生的知识 4. 总结各部分答题技巧和常考知识点	8

续表

学习内容概要	学习内容	学习标准	学习建议	对学生的评价建议	教学建议	课时数
8. 广告	1. 广告宣传语 2. 最有效广告 3. 制作广告 4. 求职信 5. 过去分词	1. 能谈论一些有名的广告宣传语和广告的利弊 2. 能听懂有关广告的对话和短文 3. 能阅读有关广告方面的文章 4. 能运用所学语言点翻译句子 5. 能写求职信 6. 能正确运用连词	1. 课后收集有创意的广告宣传语，并互相共享 2. 课上记好笔记，课下进行总结和补充学习 3. 自我设计一份广告 4. 写一封求职信	1. 自我评价内容：能够谈论广告的利弊；能写求职信 2. 小组评价内容：能够与他人进行沟通，自然流畅；语言表达准确，合作意识较强 3. 教师评价内容：上课听讲和发言情况；课后作业完成情况	1. 建议安排学生课后搜集有创意的广告用语，课上互相交流，训练学生思维 2. 强调重点短语与句型的操练 3. 广告大赛	8

续表

学习内容概要	学习内容	学习标准	学习建议	对学生的评价建议	教学建议	课时数
9. 公司描述和机电工业的重要作用	1. 公司结构描述 2. 参观会展、产品介绍 3. 简介机械加工业 补充阅读：自动化技术 拓展知识：世界500强企业 4. 构词－前缀	1. 能用英语就公司结构进行简要介绍 2. 能流利地介绍企业、产品；并能回答相关问题 3. 能阅读简单的专业文章，了解专业的发展动态 4. 能运用所学语言点翻译句子 5. 掌握基本的构词法—前缀	1. 在视频情景启发下，分角色讨论与表演 2. 用英语来介绍产品和机械加工业，学会学以致用 3. 课上记好笔记，课下进行总结和补充学习 4. 建议学生登录互联网阅读与自动化相关的内容	1. 自我评价内容：能够用英文作介绍会展、企业、产品 2. 小组评价内容：能就企业及产品介绍、商务询价等进行交流	1. 建议安排学生在语言真实的情境下练习会展介绍以及企业、产品介绍 2. 注意强调重点短语与句型的操练 3. 注意拓展词汇，指导学生掌握记忆词汇的要领	10
10. 办公设备说明和市场调研	1. 办公设备使用说明 2. 商务会话（议价、表达感谢和歉意） 3. 简介汽车的历史、汽车品牌 补充阅读：买车经历 拓展知识：汽车文化 4. 构词－后缀	1. 能用英语就一般的办公设备使用进行说明 2. 能完成商务会话 3. 能用英文介绍汽车的品牌和性能 4. 能运用所学语言点翻译句子 5. 掌握基本的构词法—后缀	1. 在视频情景启发下，分角色讨论与表演 2. 上网收集和阅读有关的材料，尤其是教材中没介绍的车型，并将收集到的资料互相共享 3. 课上记好笔记，课下进行总结和补充学习	1. 自我评价内容：能够用英语询价、还价、讨论产品性能，语言表达准确 2. 小组评价内容：能够介绍某一款汽车，要求语言准确	1. 建议安排学生在模拟的语言情境下练习商务交流 2. 注意强调重点短语与句型的操练 3. 注意拓展词汇，指导学生掌握记忆词汇的要领	8

续表

学习内容概要	学习内容	学习标准	学习建议	对学生的评价建议	教学建议	课时数
11. 商业宴会和汽车制造总的工艺流程	1. 商业宴会 2. 参观工厂用语 3. 简介汽车制造流程、焊接自动化和涂漆自动化 补充阅读：汽车制造的装配线 拓展知识：汽车历史人物介绍 4. 词形转换	1. 能用英语进行预订、点餐以及结账 2. 能谈论汽车的生产工艺和简介汽车的基本构造 3. 能阅读汽车加工流程的文章 4. 能运用所学语言点翻译句子 5. 掌握基本的词形转换	1. 加强口语训练，善于将课堂知识应用于生活中 2. 收集各种操作系统的英文安装说明书，大家共享阅读 3. 课上记好笔记，课下进行总结和补充学习 4. 建议学生登录网络平台行业课程库、写作课程库、阅读课程库自我学习邀请相关的内容	1. 自我评价内容：能够用英语准确表达汽车生产工艺；汽车的冲压、焊接、喷漆、组装，要求语言表达准确 2. 小组评价内容：通过小组分工合作完成阅读材料的学习并用英语概括文章中心；能辨认汽车类别的标识	1. 建议安排学生在模拟的语言情境下练习口语表达 2. 注意强调重点短语与句型的操练 3. 注意通过图片展示重点词汇，吸引学生学习、提高学习兴趣	10

续表

学习内容概要	学习内容	学习标准	学习建议	对学生的评价建议	教学建议	课时数
12. 产品介绍和机械加工	1. 产品介绍 2. 学习技术交流用语 3. 简介车床、铣床及工艺 补充阅读：数控加工中心 拓展知识：Simens、Fanuc公司介绍 4. 被动语态	1. 能用英语对本公司产品进行简单的介绍 2. 能与外籍专家进行简单技术交流 3. 能阅读关于车床、铣床、数控加工中心的主要用途 4. 能运用所学语言翻译句子阅读简单的产品介绍 5. 掌握被动语态的基本用法	1. 在视频情景启发下，分角色讨论与表演 2. 训练，善于将课堂知识应用于生活中 3. 课上记好笔记，课下进行总结和补充学习 4. 建议学生登录互联网自我学习关于机加工相关的内容	1. 自我评价内容：能够准确就加工工艺进行交流，语言表达准确，能看懂设备说明书 2. 能看懂三种设备结构、性能介绍的文章；沟通协作能力	1. 建议安排学生在模拟的语言情境下练习表达 2. 强调重点短语与句型的操练 3. 注意知识拓展，了解著名的数控机床制造企业及技术	10

续表

学习内容概要	学习内容	学习标准	学习建议	对学生的评价建议	教学建议	课时数
13. 贸易和信息技术与制造业	1. 询价与合同签订 2. 谈论自动化生产、国内数控机床的状况 3. 简介CAD、CAM 补充知识：FMS 拓展知识：第一次工业革命 4. 名词性从句	1. 能用英语就贸易一般环节进行沟通 2. 掌握技术交流用语 3. 能用英文说出CAD、CAM及FMS的差异 4. 能运用所学语言翻译句子 5. 掌握名词性从句	1. 在视频情景启发下，分角色讨论与表演 2. 在自己的电脑上创建CAD和CAM英文软件，善于将课堂知识应用于生活中 3. 课上记好笔记，课下进行总结和补充学习 4. 建议学生登录网络阅读柔性制造技术的文章	1. 自我评价内容：能够准确谈论生产技术问题，语言表达准确，能看懂现代加工技术介绍 2. 小组评价内容：能与他人进行交流，表达流畅；沟通协作能力	1. 建议安排学生在模拟的语言情境下就信息技术在现代机械加工技术中的运用进行交流 2. 强调重点短语与句型的操练 3. 介绍有关第一次工业革命的相关文章	10

续表

学习内容概要	学习内容	学习标准	学习建议	对学生的评价建议	教学建议	课时数
14. 货物运输和组装技术（以汽车为例）	1. 货物运输常见的应用程序 2. 技术交流用语 3. 简介装配图和自动化生产线 补充阅读：丰田生产系统 拓展知识：汽车保修条款 4. 状语从句	1. 能用英语就货物运输一般流程进行简单交流 2. 能听懂有关生产技术交流的对话 3. 能阅读有关装配图和自动化生产的文章；能运用所学语言翻译句子 4. 掌握状语从句用法	1. 在视频情景启发下，分角色讨论与表演 2. 将图纸的说明转换为应用格式，善于将课堂知识应用于生活中 3. 上网收集更多有关多汽车生产线介绍的材料，并大家共享 4. 课上记好笔记，课下进行总结和补充学习	1. 自我评价内容：能够准确谈论技术问题，语言表达准确，能看懂组装的相关文章 2. 小组评价内容：能够与他人进行沟通，自然流畅；以小组的形式展示学习成果，培养语言表达能力，增强合作意识	1. 建议安排学生在模拟的语言情境下就产品组装进行交流 2. 注意强调重点短语与句型的操练 3. 注意拓展保险条款的英文介绍	8

续表

学习内容概要	学习内容	学习标准	学习建议	对学生的评价建议	教学建议	课时数
15. 客服和电工、电子技术与自动控制	1. 客服 2. 有关生产安全对话 3. 电子产品（电子马甲、光感器） 补充阅读：节能技术 拓展知识：第二次工业革命 4. 定语从句 I	1. 能用英语就如何有效处理客户投诉进行简单交流 2. 了解生产安全知识 3. 能阅读有关电子产品的文章 4. 能运用所学语言点翻译句子 5. 掌握定语从句	1. 在视频情景启发下，分角色讨论与表演 2. 了解并讨论电子产品和电子技术，善于将课堂知识应用于生活中 3. 课上记好笔记，课下进行总结和补充学习 4. 建议学生登录网络阅读介绍电子产品的文章	1. 自我评价内容：能够准确谈论生产安全，语言表达准确，能看懂相关的通知和标志 2. 小组评价内容：能用正确的线路图、电子元件表达方式，表达流畅	1. 建议安排学生在模拟的语言情境下就生产安全和同行进行交流 2. 注意强调重点短语与句型的操练 3. 注意知识拓展	10

续表

学习内容概要	学习内容	学习标准	学习建议	对学生的评价建议	教学建议	课时数
16. 职业规划和检验技术	1. 英语简历与面试 2. 关于售后服务交流 3. 了解客服和售后服务；补充阅读：汽车检测 拓展知识：第三次工业革命 4. 定语从句Ⅱ	1. 能用英语就简历与面试进行交流 2. 能用简单的语言描述病情；能够听懂并给出建议 3. 能阅读有关客服方面的文章 4. 能运用所学语言点翻译句子 5. 正确使用定语从句Ⅱ	1. 在视频情景启发下，分角色讨论与表演 2. 尝试自己作为客服人员，努力发现问题和解决问题，善于将课堂知识应用于生活中 3. 将英语教材内容和相关专业教材内容进行结合学习，相互补充 4. 课上记好笔记，课下进行总结和补充学习 5. 建议学生登录网络阅读生产和产品检测的内容	1. 自我评价内容：能够准确谈论机器故障及维修，语言表达准确，能看懂检验的相关文章 2. 小组评价内容：能模拟真实情景，分角色就询问、描述机器故障，以及给出建议等事宜进行有效沟通，表达流畅；学习的主动性和独立性	1. 建议安排学生在模拟的语言情境下就检验进行交流 2. 注意强调重点短语与句型的操练 3. 注意提供产品及生产检测技术的相关文献	10

续表

学习内容概要	学习内容	学习标准	学习建议	对学生的评价建议	教学建议	课时数
17. 智能机器人	1. 关于企业管理的交流（投诉等） 2. 简介制造业中机器人的应用 补充阅读：未来机器人 拓展知识：企业文化介绍 3. 动词不定式	1. 能用英语交流企业文化、员工管理等 2. 能阅读有关工业机器人的相关文章 3. 能运用所学语言点翻译句子 4. 能正确使用动词不定式	1. 设想自己作为管理者，努力发现问题和解决问题，善于将课堂知识应用于生活中 2. 收集机器人的用途介绍，大家共享阅读 3. 企业调研，了解不同企业的文化 4. 课上记好笔记，课下进行总结和补充学习 5. 建议学生课后练习口语，提高表达能力	1. 自我评价内容：能用英语表达企业文化及管理制度；看懂机器人的相关文章 2. 小组评价内容：能够与他人进行情景模拟，自然流畅；语言表达准确，应变能力强	1. 建议安排学生在模拟的语言情境下就企业管理进行交流 2. 强调重点短语与句型的操练 3. 拓展知识	10

续表

学习内容概要	学习内容	学习标准	学习建议	对学生的评价建议	教学建议	课时数
18. 制造技术的发展	1. 关于招聘、面试用语 2. 非传统加工设备简介 补充知识：环保 拓展知识：现代化企业对员工的要求 3. 分词	1. 能用英语完成招聘、面试 2. 能了解世界现代加工方法的相关介绍 3. 能运用所学语言点翻译句子 4. 能准确使用分词	1. 将机电英语教材内容和相关专业教材内容进行结合学习，相互补充 2. 上网收集更多有关制造技术的发展方面的材料，并大家共享 3. 课上记好笔记，课下进行总结和补充学习 4. 建议学生登录网络平台行业课程库自我学习关于招聘、面试的内容	1. 自我评价内容：能用英语讨论招聘、面试并能用英语完成面试；看懂有关非传统加工的相关文章 2. 小组评价内容：能够与他人进行情景模拟，自然流畅；语言表达准确，应变能力强	1. 建议安排学生在模拟的语言情境下练习招聘应聘 2. 强调重点词汇与分词的操练 3. 拓展现代化企业对员工素质要求方面的知识	10
总课时数						156

备注：以上教学内容是以 A 层为例。第一学期 B 层主要以 B 级考试辅导为主要教学内容，在第二学期 4 月份根据 B 级成绩，A、B 层进一步调整，B 层主要内容以英语应用能力 B 级考试辅导为主，同时完成职业方向的教学内容 3 ~ 4 个单元，即 9 ~ 12 单元。

五、教学方法与手段

教学方法

在教学模式上减少和防止单纯的讲解式教学，积极开展适合学生间的互动和多媒体教学，充分利用语音实验室和网络资源平台。英语教学要破除“以教师为中心”的单向教学观，建立“以学习为中心，以学生为主体、教师为主导的”新的教学模式，注重语言特点，加强口语训练，加强学生与学生之间在教学活动中的互动性，同时注意教学目标中知识、能力、态度三位一体训练。

把“单元主题情景教学法”“任务教学法”“项目法”和“互动交际法”贯穿始终，在教学方法上可采用启发、讨论、研究、讲授、案例驱动以及小组学习法为主，辅以组织丰富多彩的二课堂活动以及开设英语特色的选修课，营造英语学习环境，充分调动学生的学习积极性，帮助学生学会正确得体地运用语言以及培养学生自主学习能力。

（1）单元主题情景教学法

根据教材单元主题的要求，营造相关的语言情景，以需要操练的句型和知识点为依托，以职业英语为参照系，引导学生能够逐步拓展外语学习的空间，使更多的英语知识、生活和职业工作场景内容充实到课堂教学中，形成开放性的教学模式，让学生在身临其境中体验学习的乐趣，使不同学生的思路互相激活、贯通，使集体学习氛围和共同创建的学习语境成为自己生活的一部分。

（2）互动交际法

课堂作为教学中师生活动的场所，具有人（教师和学生）与环境（教材、教学设备）之间互动的性质。老师首先要了解认知领域目标、情感领域目标，同时搭建师生互动或学生间互动的平台，使学生完成行动导向的学习任务。引导学生用心去感悟、思索，在与教师、同伴的交流和互动中享受那份独特的愉悦，充分发挥学生的主体性、能动性、创造性，以活动促使学生语言交际能力的和谐发展。

（3）启发式教学法

把教学内容变成一系列的问题，用回答问题、讨论问题的方式贯穿于教学过程中，问题环环相扣，促使学生思考、分析、推理，从而有效解决问题。针对具有内涵的主题和蕴意深刻的内容，启发学生思考，发挥他们的想象力。结合学生的生活实际，创造真实交际语言环境。通过此种方式老师可以及时了解学生对所学内容的掌握程度和他们的问题所在。这种教学模式突出了培养学生的创造思维能力，帮助学生拓展知识，提高学生的内在修养。

（4）任务教学法

任务型教学模式可分为三个环节：任务前活动、任务链活动、语言分析阶段活动。

① 任务前活动就是向学生介绍任务的话题和任务目标，为后面的活动做准备。这个阶段我们通常引导学生进行简单的讨论；或利用图片、手势、个人经历或多媒体介绍与任务有关的话题和内容，或布置实践作业，让学生到图书馆或者企业去收集资料。

② 任务链活动是最重要的一环。主要有三种活动，即准备任

务、完成任务过程、报告任务结果。学生以小组的形式完成任务，给他们充分的语言表达机会，强调语言的流畅性。

③ 语言分析阶段活动。只做任务还是不够的。在完成任务的基础上，教师还要引导学生对重要的语言项目进行有意识的学习和操练。比如，总结与本任务相关的词汇和表达方式，让学生反复朗读，练习甚至背诵，使所学内容内化为一种技能。

（5）项目教学法

根据单元内容的应用部分，以项目的形式让学生实践单元的语言技能和职业技能，同时复习单元所涉及的主要微工作过程，从而把英语和职业联系起来，把学习和工作联系起来。项目内容要与学生日常生活及将来工作密切相关。通过制定实训指导书与实训项目教学卡，指导学生完成设计好的职业任务，定期把该阶段知识与技能相融合，设计出职业项目，让学生进入角色，以角色扮演、小组讨论、多人合作等方式完成预设项目，从而使知识、能力和素质得到同步提高。

以上教学方法供老师选择使用。教无定法，教师可以根据学生的实际情况，结合自身特点，灵活使用其他教学方法，形成自己独特的教学风格。

教学手段

（1）课堂教学采用多媒体课件辅助

本课程课堂教学均采用多媒体课件辅助教学，《职场综合英语1》和《机电职业英语教程》配有完整的多媒体教学课件和电子教案，其丰富、多样的信息承载形式、灵活方便的交互特点，便于学生理解与掌握，增加学生对课程的兴趣。

（2）构建课内外立体化教学模式，使课堂教学延伸到课外

① 组织丰富多彩的第二课堂活动

以提高学生英语实用交际能力为指导思想，坚持课内外一体化和学生主体性教学原则，将英语教学延伸到课外，开展形式多样、内容丰富的竞赛活动和第二课堂活动，旨在使学生养成良好的英语学习习惯，丰富学生的课余文化生活，提高学生的综合素质和语言交际能力，为就业竞争打下良好基础。建议围绕全国技能大赛，每学期开展一项有特色的二课堂活动，例如：英语演讲比赛、写作大赛、英语俱乐部社团活动、欧美知识系列讲座、英语综合晚会等。总之，激发学生的参与热情，为参加全国高职高专英语实用口语大赛和写作大赛选拔参赛选手。

② 开设具有英语特色的选修课

英语教师在教学实践中要不断开拓创新，深挖个人潜质，根据学生的实际情况，开设语言技能类、语言文化类、语言应用类的具有实用性与多功能相结合的选修课，构建课内外立体化的职业英语课程体系，实现“以人为本，按需发展”的教学目标。

六、实践条件

1. 校内实践教学条件

（1）学校在艺术工程学院投资建立了 2 个数字语音室，独立主机，配有英语学习平台及多种实用的学习软件，供学生进行英语听说和自主模拟学习

（2）拥有大量的多媒体网络教室，配有多媒体投影设备，供学

生分组讨论与口语训练

（3）大型报告厅一个，带有宽屏幕投影设备，供开设选修课，举办英语讲座以及开展丰富多彩的第二课堂活动

（4）课程网站教学资源和英语网络资源库全面开放，信息庞大而功能齐全的资源库完全能支持开放式教学

2. 校外实践教学环境

本课程不需要校外实践环境。

七、评价方法

1. 评价内容

教学评价包括两部分：高职高专全国英语应用能力（B 级）考试（PRETCO）和课程考试评价。教学评价中贯彻执行“课证”融通的教学原则。

2. 评价方法

（1）高职高专全国英语应用能力（B 级）考试（PRETCO）

第一学期的教学内容与高职高专全国英语应用能力（B 级）考试（PRETCO）接轨，通过强化训练，使学生 B 级测试总通过率达到 85% 以上。第一学期以 B 级考试成绩作为课程学期成绩。成绩不及格的，参加后续“PRETCO 考试”，直至考试通过则作为第一学期补考成绩及格。第四学期仍未通过“PRETCO 考试”的，学校依据当次北京市 PRETCO 考试成绩分析，确定校内及格线，在及格线之上的，认定为第一学期课程学期补考成绩及格。在及格线以下的，不予安排补考，继续参加后续“PRETCO 考试”或“北京市英语口

语证书（中级）考试”，合格成绩作为第一学期课程学期补考成绩。

（2）课程考试评价

除第一学期以外的其他学期课程考试，根据考试内容的不同可以采用闭卷形式也可以采用开卷形式。另外考查课也可以采取演讲、比赛、答辩等活泼有趣的考试形式。无论采取何种考试方式，都要尽量做到形成性考核与终结性考核相结合，笔试与口试相结合，闭卷与开卷相结合，课内与课外相结合。知识目标侧重于“对知识的运用”的考核，能力目标用项目或任务完成的效果考核。

改变传统的成绩评定办法，采用“分项考试、分项评定、综合评价”的方法。本课程通过平时考核、阶段考查、期末闭卷考试相结合的方式对学生进行考核评价。学生的综合成绩包括：过程性评价（平时成绩40% + 阶段性评价20%）；终结性评价（期末成绩40%）。在成绩的评定上“强化平时，淡化期末”，注重过程评价，建立形成性与终结性相结合的多元化评价体系。

3. （课程）评价指标与评价标准

4. 评价方式

采用多元化评价方式。即评价主体多元化，由任课教师、学生本人、学生团队、英语应用能力认证机构等联合组成的评价队伍。评价主体的多元化，可以从多方面、多角度出发对教学活动进行更全面、更科学、更客观的评价。同时，引入学生自评、互评和教师评价相结合的评价方式，特别要增加学生自评和同学之间互评的比重，实现真正意义上的“评价主体的多元化”，发挥学生的主观能动性，提高学生的语言应用能力、职业能力及创新能力。

<table>
<tr><td colspan="5">过程性评价
（60%）</td><td>终结性评价
（40%）</td><td rowspan="2">总分
100 分</td></tr>
<tr><td colspan="4">平时成绩（40%）</td><td>阶段评价
（20%）
口语测试</td><td>期末试卷
包括听力</td></tr>
<tr><td>学习态度 10%</td><td>课堂纪律表现及出勤情况 10%</td><td>课堂学习表现情况（参与活动及问答等）10%</td><td>笔记及完成作业情况 10%</td><td>项目（合作沟通意识、语言表达能力）</td><td>单元学习情景结束时，以笔试形式进行综合知识运用能力的考核。
百分制</td><td>过程性评价（60%）＋终结性评价（40%）</td></tr>
</table>

说明：

（1）学习态度是指学生具有求知欲望，能够针对自己的水平有所提高。

（2）项目测试可根据单元学习，采取口试的形式，每学期完成一个到两个项目。

（3）对于有创新和具有开拓精神的学生予以加分鼓励，进而培养学生的创新精神，发挥考试的激励作用。

（4）期末考试为笔试。

八、课程资源（名称、主要参考书目、实现功能等）

1. 教材与学材

教材：

（1）教育部“十一五”规划教材《职场综合英语教程》第 1 册，2012 年版。

本教材是在第一学期使用，由北京大学出版社出版。主编：教材编写组。本教材打破了传统的以阅读文章为中心的教材体系，以最能激发学生学习主动性的“交际对话”为切入点，逐步深化，使多种语言技能在共同的话题下，通过多种交际环境和练习形式循环、巩固、加强和深化，做到“学为了用，学用结合”，促使学生听、说、读、写、译协调发展。本教材共 8 个单元，建议每 8 课时完成一个单元。

（2）《高等学校英语应用能力 B 级考试辅导用书》

本教材是在第一学期使用。由东北师范大学出版社出版，2013 年版。

本教材紧扣《高职高专教育英语课程教学基本要求》规定的要求和标准，针对性较强；模拟实战部分严格按实际测试题所要求的内容、形式、难度、题量设计；教材中实用性材料占 80% 以上，包括信函、广告、说明书、合同、协议书和备忘录等有代表性的应用文。通过一学期的强化训练，应用能力 B 级考试通过率达到 80% 以上。

（3）《新机电英语》，由机械工业出版社出版。主编：田方，2013 年版。

《新职业英语》视听说教程，由外研社出版。主编：马俊波。

《新机电英语》将作为主教材是在第二和第三学期使用。本教材针对行业和企业对高职毕业生英语技能的要求，根据企业的工作流程、典型工作任务或场景设计教学内容，每单元浓缩一个典型工作环节，学习任务与工作任务相协调，实现“教、学、做”一体化。教材内容以真实语料为基础，注重时代性、信息性与实用性，既适用于提高语言能力，又有利于培养学生的职业素质与技能。

《新职业英语》视听说教程将作为辅教材穿插在第二三学期中使用。本教材涵盖不同职业涉外活动的典型英语交际场景，采用视、听、说三种模态形式，不仅能调节专业英语学习所产生的单调与枯燥，而且可以强化学生在职场环境中的听说能力。

学材及参考书目：

（1）《职场综合英语教程》第 1 册练习册及学习课件，北京大学出版社

（2）《新机电英语》，由机械工业出版社出版

（3）学习方法指南、B 级网络试题库

（4）课程网站教学资源和英语网络资源库

2. 教学媒体

（1）课堂教学采用多媒体课件辅助

本课程课堂教学均采用多媒体课件辅助教学，《职场综合英语教程》第一册和《新机电英语》配有完整的多媒体教学课件和电子教案，其丰富、多样的信息承载形式、灵活方便的交互特点，便于学生理解与掌握，增加学生对课程的兴趣。

（2）利用学校多媒体网络资源库和课程教学网站扩展课堂教学，将教学延伸到课下

我校英语教学团队与企业合作，通过自购和共同开发，建立了资源丰富且精致的网络平台。资源库是按照科学规划和分类制作的，总体规划为“多媒体课件库、网络课程库、网络题库”三大类别，其中“多媒体课件库”主要包括“新闻课件、电影课件和歌曲课件”，重点培养学生的综合语言应用能力；“网络课程库”根据教改要求按照“语言知识类、语言技能类、语言文化类、语言应用类、

职业英语类”，建立了五个类别，包括18个栏目：综合课程、语音课程、词汇课程、听力课程、口语课程、阅读课程、写作课程、翻译课程、演讲课程、英语百科、商务英语、行业英语等以及A B级真题和模拟试题库。教师和学生在应用时非常方便。

以多媒体课件为例：主要是以视听互动资源为主，素材来源主要是最新的时事新闻、时尚英文电影和经典英文歌曲。具体包括：1 000多部电影、3 000个音视频新闻、600多首英文歌曲。资源多而精。所有音视频资源可以采用中英文多种方式呈现，可以跟读、复读；可以实现中文、中英文、英文、无字幕四种电影字幕自由转化，具有视频复读功能。这样便于学生进行多模式下互动点播和模仿。信息量丰富的资源库为保证课内外教学，实现学生个性化自主性学习，提高学习效果起到了重要作用。

《职业英语》课程网站：网址 http：//222. 249. 138. 239：8080 为学生提供了丰富的网上教学资源。课件、电子教案（PPT）、AB级试题库、实训项目、课程标准、考试方案、学习指南等教学相关资料齐全，符合课程设计要求，满足网络课程教学需要。网站所设栏目如下：

课程设置、教学内容、教学队伍、课程特色、政策支持、在线交流

（3）除了课程网站外，为了开阔学生的视野，及时学习不同场景的英语语言应用，了解掌握跨文化交际知识，提供以下网站供学生随时学习：

http：//www. tefl. com 中国外语网

www. fltrp. com 外语教学与研究

http：//www. letstalk. com. tw/空中英语教室

http：//zh. wikipedia. org/维基百科

九、教师发展

我校英语教学部共有42位教师。其中，副高职称14人，占36%，讲师27人，占64.85%；硕士12人，占29%。根据我校《大学英语》的课程特点，英语教师要建立“工学结合、能力为本”的教育理念，树立高职特色的人才观、质量关和教学观，教师不仅要为学生打好语言基础，更要注重培养学生实际应用语言的技能，特别是能够结合专业和岗位得体地进行日常会话和专业交流。为此，学校要为英语教师积极寻找和创造多样化的师资培训渠道与方式。根据我校岗位群的分类，结合教师个人潜质，每人主攻一个行业英语方向，鼓励教师参加各类职业资格培训与考试，并取得职业资格证；要建立英语教师定期到行业、企业与专业实践制度，要求教师研究与行业相关的教学内容，加强“双师”素质，不断提高行业英语教学能力与执教水平；鼓励教师积极从事高职英语教学研究和科研活动，学校对于市级以上科研项目，可设配套奖励与资助，为提升教师的科研能力创造条件。同时，加强职院校横向联系和交流，培养良好的学术研究氛围，造就一批教学能力强、学术水平高的学科带头人，以此带动教师队伍整体水平的提高；认真组织和开展课堂教学观摩和研讨等教研活动，教研室要坚持开展“备课、说课、讲课、议课、结课”五步环节教研活动，加强团队协作意识，互相学习，取长补短。

参考文献

[1] Alexander, J. An overview of situated learning [M] //In B. Hoffman (Ed.), Encyclopedia of Educational Technology. 2006 (2). Message posted to http: //coe. sdsu. edu/eet/articles/sitlrning/start. htm.

[2] Anderson, J. Is a Communicative Approach Practical for Teaching English in China? [M]. Pros and cons. System, 1993 (21).

[3] Breen, M. andCandlin, C. The essentials of a communicative curriculum in language teaching [J]. Applied Linguistics, 1980, 1 (2), 89 – 112.

[4] Brown, Gillian & Yule, George. Teaching the Spoken Language [M]. Cambridge University Press, 1983.

[5] Brumfit, C. J. and Johnson, K. 1979. The Communicative Approach to Language Teaching. Oxford: Oxford University Press, 1979.

[6] Byrne, D. 1976. Teaching Oral English. London: Longman, 1976.

[7] Davies, P. Roverts, J. and Rossner, R. Situational Lesson Plans [M]. Mexico City: Macmillan, 1975.

[8] Hadley, A. O. Teaching Language in Context. Thomas Learning, 2001.

[9] Hughes, A. Testing for Language Teachers. Cambridge University Press, 1989.

[10] Johnson, Karen E. Understanding Communication in Second Language Classro-

oms [M]. Cambridge University Press, 1995.

[11] Johnson, Keith and Johnson, Helen. Encyclopedic Dictionary of Applied Linguistics: A Handbook for Language Teaching [M]. Blackwell Publishers Ltd, 1998.

[12] Lave, J. & Wenger, E. Situated Learning. Legitimate Peripheral Participation [M]. Cambridge University Press, 1990.

[13] Littlewood, W. Communicative Language Teaching: An introduction [M]. Cambridge: Cambridge University Press, 1981.

[14] Nunan, David. Designing Tasks for the Communicative Classroom [M]. Cambridge University Press, 1989.

[15] Richards, Jack C. & Rodgers, Theodore S. Approaches and Methods in Language Teaching [M]. Cambridge University Press, 1986.

[16] Wright, T. Roles of Teachers and Learners [M]. Oxford: Oxford University Press, 1987.

[17] Douglas, W. On teaching the process of writing [A]. In A. Frazier (Ed). ew directions in elementary English [C]. Urbana, Ill: National Council of Teachers of English, 1966.

[18] Neman, B. S. Teaching Students to Write (2nd ed) [M]. New York: Oxford University Press, Inc., 1995.

[19] Silva, T. Second language composition instruction: developments, issues, and directions in ESL [A]. In B. Kroll (ed.). Second Language Writing: Research Insights for the Classrooms [C]. New York: Cambridge University Press, 1990: 11-23.

[20] Tribble, C. *Writing* [M]. Oxford: Oxford University Press, 1996.

[21] 程晓堂，郑敏. 英语学习策略 [M]. 北京：外语教学与研究出版

社，2003.

[22] 刘润清. 外语教学中的科研方法 [M]. 北京：外语教学与研究出版社，1999.

[23] 苏承志. 英语交际能力与策略 [M]. 上海：复旦大学出版社，2004.

[24] 王才仁. 英语教学交际论 [M]. 桂林：广西教育出版社，2000.

[25] 徐强. 交际法英语教学和考试评估 [M]. 上海：上海外语教育出版社，2000.

[26] CNNIC. 中国手机媒体研究报告：手机媒体初具规模，http：//www. cnetnews. com. cn/2009/0218/1345531. shtml.

[27] 郭慧娟. “读屏时代”大学生手机阅读行为研究 [D]. 天津师范大学，2012.

[28] 郭树行，王晓丽，夏琦晖. 基于用户兴趣模型的个性化阅读策略研究 [J]. 出版发行研究，2014 (1)：9－12.

[29] 易观分析. 中国移动手机阅读业务发展迅猛 用户渗透率提高，http：//data. eguan. cn/caibaofenxi_ 116566. html.

[30] 祝珣. 基于学习者需求分析的大学英语课程设置 [J]，北京师范大学学报（社会科学版），2015 (1).

[31] 周雅蕾. 基于大学生手机阅读需求的手机出版策略 [D]. 湖南大学，2012.

[32] 《高职高专教育英语课程教学基本要求》[M]. 北京：高等教育出版社，2000.

[33] 韦汇余. 大数据时代数字化应用英语写作“零课时”教学模式研究 [J]. 疯狂英语，2016 (2)：10－13.

[34] 批改网. http：//www. pigai. org/，[BE/OL].

[35] 张艳红. 大学英语写作教学的动态评价研究 [D] 上海外国语大学. 2012

(5).

[36] 刘志红. 学生情况调查对教育教学工作的启示 [Z]. 2009.

[37] 张宏献. 英语教学中进行形成性评价的尝试 [J]. 教学与管理，2011.

[38] 蔡基刚. 传统大学英语教材编写理念的一次新突破 [J]. 外语电化教学，2011 (9).

[39] 蔡基刚. 转型时期的大学英语教材编写理念问题研究 [J]. 外语研究，2011 (5).

[40] 高等职业教育创新发展行动计划 [Z].

[41] 高等职业教育英语课程教学基本要求（2009 年 10 月试行）[Z].

[42] 韩旭 2010 年后高职英语教材的展望 [J]. 江苏经贸职业技术学院学报，2010 (1).

[43] 柳华妮. 国内英语教材发展 150 年：回顾与启示 [J]. 山东外语教学，2011 (6).

[44] 徐锦芬，朱茜. 德国英语教材思辨能力的体现及对我国英语专业教材编写的启示 [J]. 外语教学，2015 (6).

[45] 张燕如，高职公共英语教学体系中行业英语的教改研究 [J]. 中国职业技术教育，2011 (33),

[46] 戴炜栋，吴菲. 我国外语学科发展的约束与对策 [J]. 外语教学与研究，2010 (3)：170-175.

[47] 高翔，王蔷. 反思性教学：促进外语教师自身发展的有效途径 [J]. 外语教学，2003 (2)：87-90.

[48] 胡军，朱雷. 高职外语教学理论研究：现状与思考 [J]. 职业技术教育，2011 (35)：31-35.

[49] 教育部.《教育部、财政部关于实施国家示范性高等职业院校建设计划加快高等职业教育改革与发展的意见》（教高〔2006〕14 号），2006.

[50] 教育部.《教育部办公厅　财政部办公厅关于做好2006年度国家示范性高等职业院校建设计划项目申报工作的通知》(教高厅函〔2006〕44号), 2006.

[51] 刘宏. 我国大学英语教师职后专业发展动机的影响因素分析 [J]. 首都师范大学学报(社会科学版)增刊, 2010

[52] 刘润清, 戴曼纯. 中国高校外语教学改革现状与发展策略研究 [M]. 北京: 外语教学与研究出版社, 2003.

[53] 吕乐, 戴炜华. 教学研究: 外语教师职业发展的关键 [J]. 外语界, 2007 (4): 22-27.

[54] 彭伟强, 朱晓燕, 钟美华. 外语教师教育与发展研究: 现状、思考与展望 [J]. 外语界, 2008 (5): 38-45, 83.

[55] 王海啸. 大学英语教师与教学情况调查分析 [J]. 外语界, 2009 (4): 6-13.

[56] 王永梅. 通过同事互助听课制度促进英语教师的职业发展 [J]. 国外外语教学, 2004 (2): 51-54.

[57] 文秋芳, 任庆梅. 大学英语教师专业发展研究的趋势、特点、问题与对策 [J]. 中国外语, 2010 (4): 77-83.

[58] 吴一安. 外语教师研究: 成果与启示 [J]. 外语教学理论与实践, 2008 (3): 32-39.

[59] 夏纪梅. 大学英语教师的外语教育观念、知识、能力、科研现状与进修情况调查结果报告 [J]. 外语界, 2002 (5): 35-41.

[60] 夏纪梅. 外语教师发展知与行 [M]. 上海: 上海教育出版社, 2012.

[61] 信息搜索: http: //www.cnki.net/ [DB].

[62] 邱均平. 文献计量学 [M]. 北京: 科学技术出版社, 1988.

[63] 马费成, 张勤. 国内外知识管理研究热点——基于词频的统计分析 [J].

情报学报，2006（4）：163－171.

[64] 易高峰，刘盛博，赵文华.《高等教育研究》研究热点及其知识基础图谱分析［J］. 高等教育研究，2009（10）：74－80.

[65] 汤建民，袁良平. 2001—2006年国内翻译研究管窥——基于《中国翻译》论文题名的计量分析［J］. 浙江树人大学学报，2008：88－91.

[66] 袁良平，汤建民. 2001—2006年国内翻译研究的计量分析——基于3种翻译研究核心期刊的词频统计［J］. 中国翻译，2007（3）：19－22.

[67] 汤建民. 2004—2006年自然辩证法研究学术轨迹概观——基于3种自然辩证法研究核心期刊所发表的1600多篇论文题名的词频统计［J］.《自然辩证法研究》，2007（8）：87－93.

[68] 黄立志，燕艳. 2005—2009年我国“高等职业教育”研究期刊文献统计分析［J］. 教育理论与实践，2010（7）：15－17.

[69] 汤建民. 2006年国内科学学研究的词频分析与计量研究［J］. 科学学研究（增刊），2007：518－522.

[70] 范笑仙. 2006年中国高等教育研究热点问题评介——基于2006年高等教育核心期刊的关键词分析［J］. 中国高教研究，2007（6）：36－45.

[71] 高宝立，刘小强. 高等教育研究热点分析：两个维度、四项指标［J］. 教育研究，2008（9）：58－64.